数字化时代
人才管理新思维

New Thought of
Talent Management in Digital Era

涂满章·著

企业管理出版社
ENTERPRISE MANAGEMENT PUBLISHING HOUSE

图书在版编目（CIP）数据

数字化时代人才管理新思维 / 涂满章著 . —北京：企业管理出版社，2020.10

ISBN 978-7-5164-2253-3

Ⅰ. ①数… Ⅱ. ①涂… Ⅲ. ①企业管理—人才管理 Ⅳ. ① F272.92

中国版本图书馆 CIP 数据核字（2020）第 192056 号

书　　名：数字化时代人才管理新思维
作　　者：涂满章
责任编辑：侯春霞
书　　号：ISBN 978-7-5164-2253-3
出版发行：企业管理出版社
地　　址：北京市海淀区紫竹院南路 17 号　　邮编：100048
网　　址：http://www.emph.cn
电　　话：发行部（010）68701816　　编辑部（010）68420309
电子信箱：zhaoxq13@163.com
印　　刷：北京虎彩文化传播有限公司
经　　销：新华书店
规　　格：710 毫米 ×1000 毫米　　16 开本　　15.5 印张　　285 千字
版　　次：2020 年 10 月第 1 版　　2021 年 3 月第 2 次印刷
定　　价：66.00 元

序 洞察新思维

大数据的出现让数字化已经成为时代的新标签，数字化之于企业和人的生存而言，也许是机会，但也许会成为一种负担，关键在于，我们能否洞悉数字化的本质，以及数字化对企业和人的生存能力提出的要求。若能洞悉，数字化对于我们就是有效的，我们面对的数据就会转化为有价值的信息。从本质上讲，数字化是人类科学进步的重要表现，随着我们进入数字化时代，不论是企业还是个人，唯有具备更高的洞察能力，才能更好地生存下去。因此，数字化要求在管理上洞察出适应时代的精准思维。

思维一：战略性人才思维

过去的人力资源管理是按照模块来进行的，只要将各个模块分别做好就可以了，这种做法将人力资源管理作为一种职能的专业性体现得淋漓尽致。但是，今天的人力资源管理必须融入更高的洞察力，才能保证人力资源管理本身是有效的。换言之，如果缺乏这种洞察力，即便人力资源管理的各个模块做得都非常好，最后得到的结果也可能是无效的，而保证人力资源管理有效性的洞察力就是打破模块化的思维定式，将人力资源管理工作融入组织的战略价值创造链，形成战略性人力资源管理。

思维二：经理人的洞察力

经理人可以看作是一个企业管理人才的代表，甚至在某种程度上可以看作是企业业绩的代表，一个经营业绩突出的企业背后一定离不开卓有成效的经理人。因此，经理人实际上是对时代变化最为敏感的人，经理人能否扮演好自己的角色将决定企业走向何方，影响成员的行为和努力方向，最终决定一个企业的成效。

过去的经理人只要创造业绩就可以了，而今天对于经理人这个角色最大的要求是要具备洞察力，要对环境变化做出判断并带领企业做出改变。因此，经理人的角色要求会变得更高，经理人的角色内容也会变得更加丰富。经理人只有赋予冷冰冰的数据以激动人心的意义，才可以挖掘出数字背后的真实价值，才可以带领团队前进，才可以真正激发人的奋斗精神。这是数字化时代带给经理人和企业的真实挑战。一个不断追求有效性的经理人应该有意识地去调整和丰富自己的角色，从而履行好经理人的职能。

思维三：人与组织的匹配

懂得运用数字化的企业应该在管理中敏锐地洞察到，成本必须要更具有效性。企业用人会产生成本，关键不在于这些成本的高低，而在于这些成本是否真正贡献出了价值。这是数字化时代企业管理应有的思维方式，这个思维方式的核心正是匹配。随着海量数据的涌现，再加上移动互联网的助力，看似有海量人才可以迅速呈现在企业面前，可是最后却发现人才效率并不高，原因正是违背了匹配原则。一定不要忘记，人与组织的匹配才是最重要的，既不是高配，也不是低配，而是匹配。

思维四：合作共生的思维

事实上，数字化在呈现机会的同时，也给相对独立的个体带来了一场生存危机，而要化解这种危机，不论是企业还是个人，关键在于打破个体思维，用合作的方式去迎接挑战。所以，不论是过去占山为王的企业，还是高人一等的强大个体，今天要生存，都不能仅仅依赖自身，还要开启合作共生的新思维，建立或融入共生体。

要获得更多全新的思维，建议读者读读这本书。数字化时代的重要生存技能是洞察力，而洞察力已经渗透在这本书的细节当中，希望读者从中发现关于人才管理的更多新思维，并将习得的新思维转化为有效的行动。

刘祯　博士

2019 年 2 月于上海

目录

CONTENTS

第一辑

人才管理新思维

管理之道

人才资源管理如果走不出人力资源管理部，如果不能变成全员参与的工作，那么人力资源管理一定不会成功。

数字化时代的人才供应链打造攻略

在确保企业发展方向正确的前提下，均衡而高效的人才供给，以及组织能力的提升，将会成为关系到企业战略实现和企业经营成功的重要因素。因此，打造人才供应链系统，构建全面人才管理体系去满足企业发展的需要，成了各企业的当务之急。

人才供应链如何打造，务必要按以下五个步骤进行。

第一步，建立人才标准。

这既是基础，也是核心。人才标准如何构建？同博咨询与合不合科技已经结合中国国情和企业实际，联合推出了“合不合理论”，建议从三个方面、五个维度着手：

（1）人与组织的合，建立第一个维度：人与组织价值观的匹配。

（2）人与岗位的合，要从三个维度去观察：第一，人的职业兴趣与岗位的匹配；第二，人的专业知识与岗位的匹配；第三，人的应用技能与岗位的匹配；

（3）人与人的合，这方面要重点观察的维度是人与上级的匹配。

第二步，进行人才盘点。

人才供应链中的人才盘点在于发现牛人、胜任者、高潜力者和需要退出者，以便进行人才激励、人才培育、人才规划等专业决策。在人工智能时代，企业要学会应用智能化的云端人才盘点系统，用人工智能来替代或补强传统的人工操作，以便实现精准识人。例如，现在同博咨询与合不合科技联合推出的“智能化人才盘点专家系统”就备受企业的欢迎。

第三步，做好人才规划。

要结合企业的发展规划，做好人才规划，尤其要能预判企业关键岗位未来的人员需求和变动情况。依笔者的经验来看，至少要做出对未来三年内的人才需求预测，这样才能从容应对企业的人才需求。请大家一定要记住：如果不提前准备，等到需要人的时候才去着急忙慌找人，往往是找不到人的，特别是高层次的人才。而且，这样匆忙找人，质量是很难得到保证的。

第四步，布局人才渠道。

要从内外两方面去布局人才的供应渠道。内部要通过发掘高潜力人才，做好人才接替以及人才培养，保证人才供应。外部要和猎头、人才供应机构、高校等建立长期而紧密的联系，甚至将触角直接延伸到竞争对手企业。当然，在数字化时代，构建人才线上交流圈等方式非常有效，也是职场新生代比较喜欢的一种方式。

第五步，优化人才环境。

通过优化人才环境，一方面能激励人才更加高效地开展工作，提升组织效能；另一方面，人才环境的优化可以让同事之间的相处更加简单和融洽，从而提升职场幸福感，让更多的人愿意留下来，为企业的发展长期效力。

只要我们按照上面所讲的五个方面坚持不懈地努力，就一定可以实现源源不断的优质人才供应，帮助企业实现可持续发展。

重新定义人才管理的传统与未来

人是经济社会发展的“第一资源”，人的行为驱动了新技术的发展、商业模式的创新，进而推动了整个时代的发展。谁都知道“人”的重要性，但要做好“人”的工作，并非易事。在数字化时代，应该重新定义人才管理的传统与未来。

第一部分　人才管理要由“块”向“链”转变

传统人才管理，习惯上分为招聘、培训、绩效、薪酬、员工关系等几大模块。这种“分模块”的说法和思路更多的是从专业的角度考量，而非从经营的角度做顶层设计和推动。这导致很多企业的人才管理虽然有专业思想，也有很扎实的操作功底，但并不能帮助企业更好地实现经营价值，人力资源管理部也始终进入不了企业经营的核心。

如何破局？答案就是，人才管理要由“块”向“链”转变。

由“块”向“链”转变首先要能洞悉商业的本质。全球最著名的CEO之一杰克·韦尔奇说过：“商业的本质就是能领导一群有使命、有激情、有方法的人去实现商业梦想和创造未来。”从这个商业本质出发，人才管理要能打造驱动商业成功的四条“链”。

第一条链：战略聚合链

企业的梦想要转变为战略，战略要转变为可行动的目标，目标的落实要能保证一群人“力出一孔”。只有首先保证大家都走在正确的道路上，个人才能实现工作的价值，也才能因由一群有价值的人驱动组织实现商业成功。帮助企业实现战略澄清和目标分解，帮助员工更好地理解战略和目标，并全力以赴，达成使命，是人力资源管理工作的根本出发点。也就是说，只有帮助企业实现战略的人力资源管理才是有价值的。要做到聚焦战略，至少要有四个作为：

（1）战略澄清。要考虑：战略愿景的定位是成为行业一流企业，那么，如何界定一流？该怎么做？要达到什么目标？要实现什么结果？对此，要有清晰的解释和澄清。只有如此，才能保证大家首先理解战略，进而更好地执行战略。

（2）目标分解。要考虑：由战略而来的目标如何从公司分解到部门？在目标清晰的前提下，如何明确行动计划和关键结果，以明确组织绩效？

（3）目标追踪。要考虑：谁来追踪？什么时候追踪？依据什么而追踪？有目标而不追踪，只会竹篮打水一场空。

（4）目标改善。要考虑：如何对目标和结果之间的差异进行评价？什么时候评价？谁来评价？一旦发现目标和结果之间的差距，如何进行改善，最后达到组织绩效的提升？

人力资源部在确保各部门都能聚焦战略的前提下，一定要帮助企业明晰人才管理的第二条链。

第二条链：价值创造链

这条链由三部分组成：

（1）价值创造。包括几个关键点：第一，明确每个岗位应履行的职责；第二，结合职责，明确各个岗位应承担的目标，并将目标转化成行动计划；第三，保证每个人都能理解职责和目标，并在此基础上，明确年、月、周、日的重点工作和关键结果；第四，确保大家全力以赴，并建立计划、行动、审查、提升的工作闭环，以日进日新。

（2）价值评价。评价要实现两点功能：一是审查的功能。目标不仅仅是拿来完成的，更是拿来超越的。因此，通过比对目标和实际结果之间的差距，发现并巩固优势，明白不足并解决其中的问题，便成了评价要实现的首要功能。二是分配的功能。如果离开了利益的驱动，很多人会丧失工作积极性而流于平庸，甚至不作为。因此，评价既要保证客观，又要与分配挂起钩来。

（3）价值激励。企业是一个舞台，要让想舞、能舞、善舞的人有机会站在舞台中央，并且保证有足够大的舞台使其发挥。这就要求企业创造一个机会均等的环境，激励有能力、有业绩的人脱颖而出，创造一种新的可能。

围绕“战略聚合”而衍生的价值创造、价值评价和价值激励是企业人才管理的基本运营机制，而这一机制要能发挥作用，就要打造第三条链——人才供应链。

第三条链：人才供应链

通俗地讲，人才供应链就是：招得到人、用得好人、留得住人、育得对人、储得了人。

（1）招得到人。任何岗位的人，尤其是关键岗位的人，一旦缺失，要保证第一时间能够有合适的人接替。如果人力资源部门不能保证做到这一点，那就意味着人力资源管理的失败。

（2）用得好人。用得好人最重要的一个衡量指标是人均产能。如果非常优秀的人因为企业内在环境影响而变成了一个平庸的人，甚至是制造内耗的人，那么，这样的人才管理就是失败的。

（3）留得住人。组织内良性和高效的运作无疑是由一群高默契度的人通过团队协同而取得的。人和人之间高默契度的形成并非朝夕之功，而要靠长期的磨合。因此，任何一个组织都要想尽一切办法留住人，尤其是那些身处关键岗位的优秀人才。

（4）育得对人。一个有竞争力的组织，其标志之一是能让平庸的人变成优秀的人。这样的转变当然离不开企业的培育，但是培育有效的前提是首先要确保选对人。对于一个天生擅长技术的人才，企业哪怕用尽洪荒之力，恐怕也很难将其培养成一个出色的管理者。

（5）储得了人。关键岗位的人才储备越多，企业的人才供应链越能显现战略价值。当然，人才储备不仅仅只在企业内部进行，也要做好在社会储才等相关工作。

以上是关于人才供应链的简要概述。人，最重要的是能够用心，否则很难保证个体绩效与组织绩效的提升。从人力到心力，仅有机制是不够的，还要有好的价值观引导。由此，第四条链就务必要做好做实。

第四条链：文化和谐链

这部分主要应做好三方面的工作：

（1）价值观的塑造。价值观不是忠诚、责任、创新、超越诸如此类的词语，而要充分考虑企业的发展现状和行业特性。例如，初创企业突出的是“奉献”，成熟企业突出的是“创新”；互联网企业强调“快”，制造企业强调“匠心”。很多人都在说，企业文化是老板文化，但笔者认为，“从群众中来，到群众中去”的价值观塑造方法更能打动人心，深入人心。

（2）制度的契合。有些企业的价值观强调“尊重人”，但考核制度的设计都是“达不到目标就扣工资”，非常简单粗暴，则这样的价值观很难影响到人的行为，也就无法引领人形成好的心态。由此可见，制度的审查是必须的，通过审查，一旦发现有违背价值观的，就要坚决改正。只有做到言行一致，价值观才能深入人心。

（3）管理者的表率。价值观的落地，首先是靠管理者做出来的。如果管理者都视价值观为儿戏，那价值观在企业还有可能落地吗？因此，对管理者的提拔、任用和考核，价值观应该是最重要、最核心的衡量准绳。与价值观不相匹配的人员，哪怕能力再高、业绩再优秀，都不能将其选拔到相应的管理者岗位上。

上述四条链：如果能逐条打造好并让其发挥作用的话，“实现商业梦想和创造未来”就不是一句空话。

第二部分　人工智能将重塑人才管理

人工智能（AI）正悄然改变着我们工作和生活的方方面面，在人才管理领域也同样如此。诚如创新工场李开复所言，AI会在十年之内改变、颠覆、取代50%的人。马化腾也发出感慨，不管现在多强多好，在互联网这个大浪潮面前，你稍微疏忽，就可能完全翻盘。

那么，在人才管理领域，人工智能是如何重塑传统的理念和技术的呢?

以校园招聘为例，有人描述了一个真实的案例：一家公司的招聘主管准备了一周的时间，花费了6000多元的物料，开展了三场学校线下宣讲会，仅收到了120份简历，最终面试17个人，7个人通过，入职的只有4个人。这就是传统校招，依靠人工作业，不仅接触的学校有限，而且算上差旅、物料、人员成本的话，每招一个人的成本在3000元左右，费时、费力而低效。

但在移动互联网时代，通过人工智能，这一切都会发生颠覆性变化。未来校招的场景是这样的：在招聘季节，企业可将自己的宣传视频、招聘岗位的需求和要求等相关信息，在各目标高校的网站或第三方招聘平台进行即时发布。而在校学生登录网站，即可一站式了解感兴趣的岗位及相关企业的情况，并远程进行简历投递。企业收到毕业生的简历后，可发布相关测评工具对毕业生进行在线测评，并由人工智能依据大数据自动筛选出与岗位最匹配的应届毕业生，双方进行精准对接。对于对接成功进入下一轮的应届毕业生，企业可通过在线视频，完成远程面试流程，决定是否聘用。一旦决定聘用，企业可远程与其签订就业协议以及发放录用通知书等。

这样一来，原先费时、费力而低效的校园招聘，在人工智能时代将变得省时、省力、高效。当然，人工智能颠覆的不仅仅是传统招聘，也会让企业的用人、育人、留人、储人发生翻天覆地的变化。

（1）智能化用人。用好人的前提是识人。当前很多企业因为识人的偏差，往往会犯诸如将技术型人才用到管理岗位上的毛病，导致产生了一批平庸的管理者，却牺牲了一批技术型天才。为什么识人会产生偏差？大多是因为凭经验、凭感性看人。

如果应用人工智能识别人，系统就会自动根据大数据的运算结果，非常理性地给出人才与岗位的匹配意见，让用人主管理性地发现每一个人的长处，用好每一个人，真正做到将合适的人放到合适的岗位上。

（2）智能化育人。育好人的第一步是帮助大家实现更好的自我定位，明确适合干什么，不适合干什么；第二步，将合适的人匹配到合适的岗位上；第三步，明确岗位与人的各项能力的差异；第四步，因材施教，缺什么补什么；第五步，明确发展路径与学习地图，使每个人都能逐步走向优秀。

在人工智能时代，上述每一个步骤都可以通过对大数据的分析和计算，由系统自动给出相关的结果和实施指引，从而大大提高用人主管在育人方面的有效性。

（3）智能化留人。事实上，留人的根本在于企业能不能保证人在工作期间始终保持心情愉快，并由此产生一种发自内心的幸福感。在此基础上，讲待遇、讲感情、讲事业才会对留人产生根本影响。

是什么在影响着一个人的心情？很大程度上是内心的压力。会疏解压力的人，通常都比较快乐，生活和工作质量也较高。要疏解压力，就要了解压力的来源。但现实中，相当多的人不知道自己的压力来源于哪里，更遑论用对应的方法去疏解。如果内心的压力越积越多，人就不会快乐。一旦不快乐，对所处的环境便会产生厌倦，从而萌生退意。显而易见，这些与待遇、感情、事业都没有任何关系。

因此，找到人的压力来源，并用对的方法去疏解它，是企业留人非常管用的招数。可是，如果通过人的经验去判断这些，不一定做得好。但通过人工智能去判别人的压力来源并告知疏解策略，便是轻而易举的一件事情。这也就意味着，人工智能在帮助企业留人方面必将大有建树。

（4）智能化储人。人才池是企业发展重要的奠基石，池里人才储备数量的多少，尤其是关键岗位人才储备数量的多少，将直接决定企业竞争水平的高低。

很多企业人的人才储备工作主要局限在本企业内部，并出现了无才可储，或储好的人才最终跳槽等弊病。近几年出现的第三方智能储才系统，有效地帮助企业解决了以上困境，并将储才的触角延伸到了企业之外，使企业实现了广储社会之才。

智能化储才系统将运用各种途径和方法吸纳天下英才入库，并结合云端智能测评等技手术段，综合各类数据分析后进行分类。企业一旦有人才需要可随时登录系统，系统将按照企业的岗位要求，自动从人才库中匹配最合适的人才供企业精准选择，“一站式”解决企业对人才的需求。

在人工智能时代，除了选人、育人、用人、留人、储人全方位实现智能化运作之外，各种信息化系统也将帮助企业实现智能化的员工考勤管理、绩效管理和薪酬管理等。

那么，上述这些智能化应用对人才管理的意义何在？

企业人才管理水平的高低取决于各层级管理者在这方面愿不愿意作为，以及如何作为。那么，怎么让管理者像开展业务工作一样娴熟地操作好人才规划及人才的选、育、用、留、储呢？说实话，很多企业对此束手无策，因为没有好的工具让管理者去使用。人工智能的出现将极大地帮助管理者在人才管理方面取得成功，进而改变组织的人才管理运营生态，提升人才管理水平，驱动组织发展。

三点，成就非凡人力资源管理

第一，“战略导向”是关键点。

所谓战略导向，就是指任何一个部门、任何一个人所做的事情必须为总体经营目标服务，而不是各自为政。例如，企业要完成5亿元的年度目标，那么包括人力资源管理部在内的所有部门都要回答清楚我要做什么、做出什么结果，才能对5亿元目标的实现有所帮助。一个部门也好，一个人也罢，如果只会低头走路，但不会在适当的时候抬头看路，那么就有可能走错路。

因此，人力资源管理部门要有所作为，一定要首先保证将事情做正确，不能蛮干、瞎干，一定要智慧、有策略地干，围绕大局去干。这就是人力资源管理为战略服务的理念。

人力资源管理工作要驱动战略实现，人力资源管理部门的人员，特别是人力资源总监或人力资源经理一定要围绕“三个务必”做足功课：

（1）务必要明确行业发展趋势和企业发展战略。你所处的企业是在什么行业？这个行业有什么特点？这个行业的典范是谁？为什么会成为典范？这个行业有什么样的发展趋势？……只有洞察行业的方方面面，才能站在足够的高度做好人力资源管理工作。同时，必须洞察企业的发展战略，因为这样才能保证将所做的事情做对，进而产生价值。

（2）务必要了解企业各个版块的业务。例如，研发、供应、生产、营销等业务版块是如何工作的？对人力资源管理有什么需求？如何才能帮助各业务版块更好地实现价值？

（3）务必要找到战略与人力资源管理专业运作之间的逻辑关联，并衔接好两者的关系。例如，开展培训是人力资源管理的一项专业活动，但要清楚培训和企业战略之间是如何关联的。要保证这项专业活动与驱动战略实现是正相关的，即培训做得越好、越到位，对企业战略实现的带动作用越大。

第二，“全员参与”是基本点。

一谈到人力资源管理，很多人可能会认为，这是人力资源管理部的事情，是领导要做的事情，跟自己没有什么关系。殊不知，人力资源管理如果走不出人力资源管理部，如果不能变成全员参与的工作，那么人力资源管理一定不会成功。

（1）管理者要懂得人力资源管理。管理者如果不懂人力资源管理，还是按单干的做法去领导团队，就会带来两个直接的危害：

一是危害到自身的发展。因为所带的团队形不成合力，无法转化成战斗力，所以部门的整体绩效做不到超越别人的期望。不要说超越别人的期望，甚至连基本的任务都可能没有能力去完成。因此，一个管理者真正要强，真正要有未来的发展前景，一定要能够应用人力资源管理的策略去带好团队，只有这样，管理才能够成功。

二是危害组织的发展。企业界有一个著名的二八定律（也普遍适用于事业、机关单位），即 20% 的人承担着 80% 的责任。这 20% 的人是谁，就是我们各层级的管理者，包括少数几个核心骨干。虽然部门里人很多，但没有几个人的工作到位，导致大量的人力资源浪费。企业也好，机关事业单位也罢，仅靠少数几个人是干不出优良业绩的。

现在中国企业都在强调“执行力”，但笔者认为，相比“执行力”，更需要强调的是“思考力”。当下很多岗位的员工、管理者都缺乏思考力。来到这个部门或岗位后，若领导不交办做什么事，很多人不知道要做什么，做出什么结果，以及如何做；碰到问题时，若领导不出面指点迷津，很多人根本不知道该怎么办。然而，惠普、IBM 这些跨国公司的管理者对下属是这样要求的：“你来到我这边，你就该告诉我，你该怎么办。如果你告诉不了我，还要我告诉你怎么办，那我还要你干什么？”如果一个企业只有几个大脑在思考，这个企业的发展还有戏吗？企业至少应该让 80% 的人都能主动思考、主动作为。当让一个大脑思考或少数几个大脑思考变成人人都思考的时候，企业的发展才不会变成一句空话。所以，如果管理者不知道背后的这些东西，不知道身为管理者首先应该去带好团队，去承担好选人、用人、育人、留人这些基本责任，那么将无法成长为一个优秀的管理者。

（2）所有员工要懂人力资源管理。现实中，很多人认为，人力资源管理是人力资源部的事，跟自己没有什么关系。正是因为大家的不参与，甚至抵触，导致人力资源管理难以落地。如果要让大家认为人力资源管理就是自己的责任，那么首先要厘清工作到底为谁而干。很多人没搞明白工作到底为谁而干，如果搞明白了，那些推诿扯皮、不负责任、踢皮球等组织乱象就不会那么严重。对于这些问题，光靠制度是解决不了的，只有靠人的自觉意识和主动作为，而人的这种自觉意识和主动作为源自人的思维。如果将思维调频到工作就是为自己而干，那么，即使领导不交办，也会想尽办法把工作做好。

一定要让员工明白，把工作做好后，工作回馈给你的不是拿多少工资、多少奖金的问题，也不是职位怎么升迁的问题，而是你从工作当中积累的经验和能力。如果员工没有自我管理的意识和主动作为的习惯，也就是说，如果背后没有现代人力资源管理的理念，就不可能有职业化的工作行为，如此，工作就不会有好结果。

人力资源管理强，企业的内部运营才会顺畅。人力资源管理要强，仅靠人力资源部门是做不好的。只有让人力资源管理走出人力资源部门，让人人都承担起人力资源管理责任，才能做强人力资源管理。

第三，“系统平台”是立足点。

人力资源管理各业务如果割裂运作，如招聘、培训、考核、薪酬各自为政，则人力资源管理是不可能成功的。人力资源管理要成功，一要有系统思维，二要有平台思维。

什么是系统思维？以绩效考核为例，它有两个目的，一是驱动关键任务实现，二是帮助人成长。既然考核要驱动关键任务实现，那么必须梳理清楚年度关键任务；而要帮助人成长，那么必须与培训体系、员工职业发展体系联系起来。所以，绩效考核要超越考核制度本身，同步联结相关体系，这就是系统思维的体现。又如，研发部门要招聘员工，但如果研发部门职责不清，也没有到位的考核机制，那么人招来了也难以发挥作用。因此，只有具备系统思维，跳出招聘的框架，从工作设计、人员管理等方面系统考虑研发部门的用人需求，人力资源部门才能真正将工作做到位，进而帮助部门及企业成功。

什么是平台思维？人力资源管理的重要使命是搭平台。在这个平台上，大家一起跳舞。若企业人很多，但只有几个人在跳舞，其他的都是观众，甚至是裁判，在旁边指点谁跳得好，谁跳得不好，那这个平台就不是好平台。好平台是什么？就是人人都愿意主动作为，自主管理。

人力资源管理者就是平台搭建者。平台建好了，就要让大家在台上尽情跳舞，实现人生理想，驱动企业发展，这才是人力资源管理的成功。

补上人才管理短板，就用这四招

当下，相当一部分企业的管理者擅长技术或业务，人才管理的能力偏弱，显然，只懂技术而不懂人才管理，必然影响到管理者的价值创造。要补上人才管理短板，管理者要做好以下四项基础工作。

1. 工作规范清晰化

对所管理的各个岗位，管理者一定要明晰以下三个方面并形成书面文字：第一，做什么事（工作职责）；第二，做到什么程度（工作结果）；第三，如何做（工作流程）。如果管理者对这三个方面无从知晓，那么，管理者就无法进行管理。为什么要让这些内容书面化？一是便于上下级之间达成共识，有共识才有执行；二是发生部门内部人员变动后，有利于接替者迅速进入工作状态，提升工作效率；三是便于岗位经验的内化，实现传承。

2. 人岗匹配精准化

要让一个人在岗创造价值，前提条件是人必须对，如果人错了，岗位的事情肯定也跟着错。所以，管理者要有一双“火眼金睛”，能做到精准识人。如何看人，在确保这个人有正向价值观的前提下，有两点是最基本的：第一，看人的职业兴趣。若职业兴趣与岗位不相匹配，则会影响到一个人工作的积极性，进而影响产出。第二，看人的专业能力。有心还要有力，否则，照样成不了事。这个“力”，就是完成岗位职责所需的各项专业能力。当然，人岗匹配是动态调整的，不可能一个岗位设置好了，就一定可以匹配到完全符合条件的人，有时候，资质不够的人也得用。

3. 人才激励专业化

让人有积极性投入工作，这是管理者的基本使命。管理者如何调动人的工作积极性，首先要学会分钱。如果钱分不清楚，干多干少干好干坏一个样，人怎么可能会有工作积极性？管理者要把钱分好，应注意以下三点：第一，明确员工工作必须达到的目标；第二，根据事前设定的目标完成标准进行客观的评价；第三，依据评价的结果进行专业而客观的利益分配。这三者任何一个环节出了问题，最终都会影响到分钱的质量，进而影响到团队士气。

4. 绩效管理科学化

人要有积极性去干事，但仅有积极性是不够的，还要能将事情做对。这就要求管理者明确方向，让各级员工围绕方向去做事，并且有高效的执行。那么，绩效管理必然会成为管理者最需要掌握的管理方法。因为绩效管理就是联结方向与执行的纽带。可以说，不懂绩效管理，没有掌握绩效管理具体方法的管理者，就不是一个合格的管理者。

当然，做好人才管理是一个系统工程，方方面面的因素都要考虑。不过，把上述四个基本面抓住并且做好，成为一个称职的管理者就基本不成问题了。

管理的常道

管理对企业发展的重要性

一家企业的发展至少与三个因素是密切相关的：第一个因素是战略。这实际上体现了企业及企业家对未来趋势综合判断的能力。如果一家企业不能顺势而为，是很难做大并且有未来的发展前景的。同时，任何企业的发展仅靠一人之力不可能有大作为，要有团队并借助团队之力共赢未来。团队要能形成合力，具有战斗力，就一定要有共同的目标，做到“上下同欲”。若企业没有未来的战略并由此形成长期、中期、短期目标，则很难做到“力出一孔”。没有战略，无法聚气，气散则企业亡。

第二个因素是管理。聚焦未来形成共同的行动目标，毫无疑问是重要的，但更重要的是能促成这些行动目标的落地，即企业要有执行力。决定执行力高低的，必定是管理力。管理水准高，目标达成的概率就大，而目标达成是企业生存与发展的基础，否则，一切都是空谈。

第三个因素是文化。文化听起来很虚，但又最实。为什么？因为文化是“抓心”的。一家企业让员工完成目标，这是最基本的，但只让员工完成目标远远不够，还要让员工不断超越目标。如何做到？员工要用心，用心才能超越。而一个人用不用心，与在什么样的氛围下做事是紧密相关的。在拼命的企业，大家都会拼命；在惰怠的企业，员工普遍缺乏斗志。有什么样的文化，便会形成什么样的氛围，而这无形的氛围深深影响着一个人的内心。因此，文化的塑造也是驱动企业发展非常重要的一环。

这样看来，企业的发展不是只靠管理，而是综合因素使然。所以，今天我们谈管理的话题不能“一叶障目，不见森林”，不能仅强调管理的重要性，而忽略了其他因素。不过，毋庸置疑的是，管理在其中确实起到的是核心作用。为什么？战略和文化要有价值，最终都要能实实在在地落地。如果落不了地，再清晰的战略，再打动人心的文化，都是“水中花，镜中月”，看起来很美，但却是虚的。而促成这两者落地的，没有别的捷径可走，只有靠管理。

因此，管理强，则企业发展的基因也强。企业在往前走的旅程里，一定要确保管理同步跟进。

管理变革与转型的重心在哪里？

笔者认为，管理变革与转型的重心在于人，在于职业经理人。一家企业管理的强大，背后所投射的一定是职业经理人的强大，职业经理人强则管理强，这是毫无疑问的。

但从笔者的经验来看，当前大大小小的企业中，职业经理人偏业务、偏技术的居多，有整体管理素质的还比较少。具体表现如下：

首先，角色意识不够清晰。很多职业经理人虽然身处管理的位置，却还习惯撸起袖子自己干。如果不善于整合资源，带领团队去做事，那是很难高效达成组织目标的。

其次，管理与领导技能普遍欠缺。这里所说的管理主要是针对

“事”的。管理要好，管理基础一定要夯实。具体而言，管理者面对所管理的岗位，能不能做到职责清晰？知不知道每个岗位最终要创造出什么价值成果？知不知道用什么方法去衡量每个人是否创造了价值？如何让每个人享受到与所创造价值相匹配的薪酬待遇？综合来说，就是要具备打造管理价值创造链的三个技能：价值创造、价值评价和价值分配。如果管理者没有理清楚这三点，将直接影响到管理基础。基础不牢，地动山摇，内部管理必然是混乱和无序的。

领导主要是针对“人”的，对这一块，管理者在以下四点上要有扎实的基本功：第一，慧眼识人。选不对人，事情再清晰，都没用。第二，高效用人。员工上班8小时，管理者可以做到让员工在工作状态几小时？对于积极工作的员工，管理者如何确保其高效地将事情做对？会不会用人，直接影响了产出。第三，科学育人。没有企业能做到100%的人岗匹配，面对不符合岗位要求的员工，管理者如何确保员工成长进步？面对已符合岗位要求的员工，又如何让其能力得到进一步的发展，以达到更高岗位的要求？部门内所有的关键岗位，是否能有合适的接班人？第四，真情留人。优秀的管理者，其手下员工的流动率一般比较低。管理者不但要带领员工做事，而且要有本领留住员工，特别是关键岗位的骨干员工。

最后，协作意识和策略比较弱。“一个好汉三个帮”，任何职业经理人的成功，仅靠所管理部门员工的努力是远远不够的，还要取得跨部门相关业务单元的支持与配合，这就是横向协作。

事实上，高明的管理者往往有本事让自己所管辖的部门完全进入自主管理的状态，不必操心太多，而自己则能转身去做横向协作的事情。但现实中，很多管理者在部门事务上焦头烂额，而对于协作的事，都是在出了事故或达不成目标的时候，才去指责说这是某某部门的工作不力导致的。部门和部门的存在，不是为了协作而生，而成了互相推卸责任的出口，这不免令人啼笑皆非，也暴露出管理者协作意识和技能的深度欠缺。

因此，管理要成功，首先要保证管理者进入角色并提升管理技能。否则，任何的管理变革都将流于形式。

企业还要不要关键绩效指标（KPI）?

一家企业的成立，必定是冲着赚钱去的，若连这点都不要了，那就不叫企业了。而要赚到钱，必定要靠一帮人，因为靠老板自己是很有局限的。一帮人来了，必定要知道做什么事，朝哪个方向走，否则如无头苍蝇乱飞，企业要付出多少试错成本？即便企业有钱去买单，那员工因为不断做错事而产生的挫败感怎么买单，谁来买单？所以，靠谱的企业是一帮心态积极的人高效去做正确的事。这里有两个关键词：一是“高效”。既然要高效，肯定不是事无巨细，一定要能抓住“关键”。二是“做正确的事”。要将事做正确，一要有共同的方向，二要围绕方向形成具体的阶段性执行策略，三要有衡量标准，否则无法知道事情是到位还是没到位。上述内容不都是 KPI 的具体体现吗？所以，不要关键绩效指标的企业，靠谱吗？

KPI 之争说明了一种现象，我们很多人习惯了去造概念、争概念，但往往忽略了基本的、常识性的东西，争来争去，把本应该做好的东西争没了，这很麻烦。

笔者的观点是，应抓住本质的、规律性的东西，也就是“常道”，这样就有了“任尔东西南北风，我自岿然不动”的定力。

管理者如何抓住员工的心？

关于这一点，方法有很多，但笔者认为有三点尤为关键。

第一，利他。

无论是办企业还是做其他任何事情，一定要多想想这样做对别人有什么好处。如果只为自己着想，不为他人谋利，别人怎么可能为你全力以赴？

第二，共享。

企业的利润不是靠老板或是少数几个股东就能创造出来的，而是团队智慧和力量的结晶。利益是“独享”还是“共享”，必定决定人心向背。“财散人聚”的道理世人皆知，这其实也是共享的另一种通俗说法。完全市场化的企业要能做大做强，树立共享理念和掌握共享方法至关重要。

第三，发展。

企业凝聚人心的一个重要路径，就是不断地为大家创造机会，让每个人都有足够宽广的成长空间。企业发展了，企业里的人也要能跟着发展。只有看得到明明白白的未来，才有今天实实在在的付出。

管理者的三个基本素养

第一，自律。

自律是管理者很重要的一个品质。例如，笔者现在每天的工作量大概是很多人一天半甚至两天的工作量，如何做到呢？其实很大一部分原因是笔者砍掉了看电视连续剧、打牌、参加无谓的社交应酬等杂事。能自己约束自己，时间就多出来了，多出来的这一块时间，的确是可以干很多正事的。如果自己不能严格要求自己，那么凭什么去领导别人？

第二，坚持。

凡事要么不做，要做一定要有结果，这中间的差别就在于坚持。例如，笔者每天早上跑步，现在已经坚持跑了900多天。做任何事，过程都有高潮低潮，但只要认清方向，就踏踏实实往前走，高潮时不要得意，低潮时不要失意，以平常心去面对一切，只顾走路，不问其他。这就是坚持，而人一旦坚持，全世界都会为你让路。

第三，时间管理。

很多创业者都是“997”工作制，早上9点上班，晚上9点下班，每周工作7天。即便如此，也常常苦无分身之术。面对大量需要处理的事情，怎么办？这就要有时间管理的意识。要分清楚什么是重要而紧急的事，什么是重要而不紧急的事，什么是紧急而不重要的事，什么是不紧急且不重要的事，然后区别对待。笔者习惯于每天早晨跑步的时候在脑中勾勒出这一天的工作安排。一旦认定今天要做的事，绝不拖延到明天，即使是明天和后天的事，只要有可能，今天就开始做完。

笔者提倡一个人要勤劳，天道酬勤，但并不赞成每天都在瞎忙，看似很辛苦，却是在浪费时间与生命。而杜绝瞎忙的根本，在于保证方向的正确。人这一生非常短暂，但要面对的事情却非常多，所以要做一个能把握正确方向且高效的人，这样的人生才不至于虚度。

CEO，能为人力资源管理做什么？

当企业的 CEO 被问及企业发展面临的最重要和最棘手的问题是什么时，通常会得到的答案是“人的问题”。例如：“需要的人招不到，招到的人不合适，合适的人留不住，留住的人干不好，干得好的人不安心，安心的人不投入，投入的人讲条件，不讲条件的人有反心……”当问及如何解决这些问题时，他们通常会抱怨人力资源部工作不力。

问题真的在于此吗？

企业 CEO 肩负的核心使命是凝聚一帮人，并让这帮人高效地完成组织目标。如果 CEO 不懂得人力资源管理，不参与到人力资源管理各专业模块的实践中，就会直接影响组织目标的达成。

其实，人力资源管理要能够在企业有效推进，并在此基础上实现企业内部运营管理的专业与高效，驱动组织的发展，CEO 应成为其中的灵魂与核心。例如，海底捞的董事长张勇亲自挂帅，兼任人力资源总监一职，很好地说明了海底捞的人力资源管理为什么能够成功。

那么，CEO 能为人力资源管理做些什么呢？

1. 对公司的价值观和方向进行简明而持续的传播

企业的发展最终依靠两个因素：一是能否凝聚一帮人，依靠团队而非个人做事；二是这帮人能否将事情做好。

一帮人能否凝聚在一起，除了要有硬性的机制外，还要有软性的团队共同信仰、做人的基本准则和价值观。因此，CEO 要一以贯之地传播正能量，让大家树立正确的价值观，想正事，从而走正道。

将事情做好的关键在于将本职工作与企业目标联系起来。只有人人做好自身的本职工作，而这些本职工作又是和企业目标相关联的，才能借助团队之力完成企业目标。当然，这里有一个前提，即大家知道共同的方向是什么。

2. 创立促进员工发展的学习机制，赋能于人

人才发展是创造长期价值的条件，所有企业必须依靠这一点才能历经时间的考验仍保持卓越。丰田之所以能在汽车制造行业保持领先地位，与其“人员增值”理念是紧密相关的。该理念要求所有制度和管理人员的出发点都是确保每个员工每天都进步一点点。当人的能力发展不能跟上企业整体发展的时候，企业的发展也会停滞不前。

3. 制订继任计划，培养核心岗位的接替者

在和很多 CEO 交流的过程中，笔者发现他们焦虑的不是产品，不是市场，不是现金流，而是某些核心岗位的关键骨干没有接替者。其实，不论任何一个岗位，假设单纯仰仗该岗位的任职者，没有其他人能够接替其工作，那么该任职者十有八九不好管理，甚至企业要被迫出台一些针对个人的特殊政策，从而破坏了企业整体的生态环境。所以，牵头组织制订继任计划，并身体力行培养继任者，理应成为 CEO 的核心责任。

4. 建立一个高效的人力资源管理体系，驱动组织发展

一个高效的人力资源管理体系至少要体现出以下三个方面的转变：一是实现从传统人事管理到人力资本运作的转变。传统人事管理更多的在于处理行政和福利事务，而人力资本运作则突出人的能力发展以及绩效的发展。二是实现从依赖人做事到依靠程序和标准做事的转变。过分依赖人会让企业受制于人，从而影响企业的发展；依靠程序和标准做事，可以让企业更为专业高效地工作。三是实现从个人单打独斗到团队协作的转变。只有团队的力量才是真正强大的，才能促进组织进一步发展。

年底时，总经理一定要做好关于“人”的六件事

每到年底的时候，作为企业的掌舵者，总经理都会很忙，但无论怎么忙，对构成企业运营的核心要素——“人”，总经理还是要倾注心力，腾出时间，做好六件事。

第一件事：一定要做一次企业健康度诊断

企业无论大小，有三个基本的运营要素在决定着企业的现在和未来。一是市场。如果没有市场，企业的生存和发展就如同无源之水，终会枯竭。二是财务。如果没有专业的财务管理，从市场上赚再多的钱，也耐不住无节制的挥霍，从而使企业的现金流断裂。三是人。无论是市场还是财务，要做好，终归都要依靠人，人不行，什么都不行。在年底，企业总经理一定要对这三个要素做一个全面而细致的诊断，以发现问题、分析问题，并解决问题，让来年的企业运营更健康。

第二件事：一定要做一次年度绩效分析和战略分解

几乎每家企业都会做年度绩效考核，但考核一定要避免打分数走过场的形式主义。考核的目的是为了发现目标和实际结果之间的差异，并

将造成差异的问题解决掉，以保证来年业绩的改善和提升。在这个基础上，要将第二年企业的目标通过战略分解，零距离无障碍地分解与传递到每一个部门和岗位，做到“千斤重担人人挑，人人身上有指标”。唯有进行了专业的战略分解，才能保证大家的方向一致，进而产生团队合力，完成组织目标。

第三件事：一定要做一次人才盘点

企业的事都是由人去完成的，所以，每位总经理对人，尤其是对关键岗位的任职者，要做到心中有数。由此，年终的人才盘点就变得非常必要。盘点时，一要看业绩的达成度；二要看人才的匹配度。匹配度主要看三个方面：①人与组织的匹配度。主要看人的价值观与企业的价值观是否相匹配。②人与岗位的匹配度。主要看职业兴趣、专业知识和应用技能三个方面是否与岗位相匹配。③人与人的匹配度。主要看任职者与上级及业务流程相关者的人际和谐度。一旦盘点有了精准的结果，总经理对哪些人应该提拔、哪些人可供储备、哪些人必须培训、哪些人只能辞退等，就可做到有的放矢。

第四件事：一定要做一次人才规划

企业运营最忌讳的是无将可用。要做到一旦缺人马上有人顶替，做好人才规划就非常必要了。在数字化时代，企业面临的不确定因素增多，很少有人能预测到三年后的发展趋势，但至少要看到未来一年的变化。因应这些变化，人才应该如何储备、用什么方法储备、储备在哪里等，对此都要提前规划。总经理一定要记住，等到需要人的时候再去找人，尤其是关键岗位的人才，往往是找不到的。即使勉强找到，质量也未必会高。

第五件事：一定要做一次与关键岗位人才的交流

人不同于其他动物，有情感的需要和被尊重的需要。倘若总经理在年底能放下手头繁忙的工作，与员工谈谈工作、聊聊家常，一方面能更好地了解员工，倾听大家对企业的心声，另一方面也会给员工带去温暖。温暖也是一种激励，会让员工更有归属感，从而激发内心深处的工作动力。

第六件事：一定要做一次与自我的深度对话

总经理也许是人世间最孤独的一群人，做得好时未必有人表扬，做得差时未必有人鼓励。所以，很多总经理做着做着就迷惘了，做着做着就退却了，做着做着就消极了。为了不迷失，特别需要在年终与自己做一次深度的心灵对话，无论这一年是得意还是失意。要想想自己的工作，想想自己的家庭，想想自己的健康，想想自己的人际，想想自己这一辈子到底要什么、追求什么，想想一年来的得与失……总经理要在与自己对话的过程中，清醒头脑，调适自身，以便来年再战。

第二辑

高管进阶之路

管理之道

做领导是简单的，也许一个机遇就碰上了，但做好领导却没那么容易，要能不断地修炼和提升自己。

百万年薪职业经理人的成功逻辑

身在职场的精英或许都会把获得百万年薪列入自己的职业梦想而不懈追求。尽管人在职场，钱不是唯一，但不谈钱未免很虚伪。况且，钱多钱少也的确是一个人价值的衡量和自身实力的综合体现。

对于百万年薪的职业经理人，笔者接触过不少，综观他们获得百万年薪的路径，与笔者反复主张的一个逻辑是紧密吻合的，这个逻辑就是：合不合 + 能不能 = 行不行。

1. 能否获得百万年薪要看“行不行”

人在职场要获得百万年薪，依靠的不是运气，而是实力，而一个人的实力是为人做事的综合体现。在做人上，要让别人感觉到靠谱和踏实；在做事上，要有高度的专业水准，让做出的事情漂亮，令人叹服，甚至超越别人对自己的期望。如果做人很好，但做事不行，或做事很有水准，但做人没有口碑，通常是很难获得高薪的。行，才有高薪；不行，则是低薪甚至零薪。

2.“行不行”要看“合不合”

“合不合”的第一方面是职业兴趣与工作岗位是否匹配。一个人首先要定位清楚自己的职业取向：是有兴趣做管理工作，还是有兴趣做技术工作？是喜欢安稳的朝九晚五生活，还是喜欢迎接随时有风险的创业挑战？如果一个人不是为了兴趣而工作，纯粹是为了养家糊口而工作，就会很容易陷入职业倦怠，进而影响做事的水准和做人的口碑。

如何发现自己的职业兴趣？可以借助“合不合云端人才评鉴系统”这套专业的在线测评工具。这套工具将人区分为14种典型人格，使用者可以借由这些典型人格来分析和定位自己，以在职场中发挥才能。例如，人格主型是“水牛型”“秃鹰型”“狮子型”的人，若选择走职业经理人道路，成功的概率会比其他主型的人更大一些。“知己知彼，百战不殆”，身在职场，了解一下自己的人格主型，以便扬长避短，更好地判断职业方向，是很有必要的。

“合不合”的第二个方面是个人价值观与企业价值观是否匹配。但凡百万年薪的职业经理人，都是能与企业深度融合、携手并进的职业精英。那么，如何判断自身的价值观与企业倡导的价值观是否匹配呢？举例来说，若是追求安逸，喜欢过朝九晚五的生活，那么在以“加班”为常态的企业上班，可能就是错误的选择；若是追求快乐、自由、年轻、张扬而有活力的生活，选择进入互联网企业就是不错的选择。

“合不合”的第三个方面是能否与直接上级和谐相处。如果与上级的相处充满矛盾和冲突，则工作的各个方面势必得不到上级的支持，如此，怎么能创造“行”的结果呢？

3.“行不行”还要看“能不能”

如果“合不合”影响着一个人愿不愿意干，那么，“能不能”便决定着一个人有没有能力干。如果一个人愿意干，但没有能力干，那就不行；如果一个人有能力干，但不愿意干，那也不行。那么，职业经理人要具备什么样的能力结构才能获得百万高薪呢？“合不合云端人才评鉴系统”基于14种人格特质提出了12项通用职业能力，我们结合大量的企业实践案例对其进行了正向和反向求证后，认为还是比较专业、全面和客观的。这12项能力是什么呢?

（1）环境应变力。当面对新环境或新挑战时，有着足够的弹性和动力来接受改变，享受工作的变化，迎接挑战。

（2）改革创新力。对新颖的事物或工作上的挑战有着强烈的接受度，也有着足够的魄力和决心迎接挑战，并由此做出改变和创新。

（3）领导管理力。在人群里有着知人善任的敏锐度，有着调度人员、管理人员、制定清晰的目标规划并高效执行的能力。

（4）人际社交力。在人群里有着敏锐的觉察力，能轻易知觉并适时满足他人的需求，让周围的人如沐春风。

（5）分析思考力。面对压力时，能保持冷静、理智的态度，对事物有着敏锐的觉察力，愿意花时间和精力来思考、分析事情的来龙去脉。

（6）团队合作力。在团队里，能够与他人和谐相处、互助合作，遵循团队领导者的指示，依循团队规范，将指定的工作顺利完成。

（7）学习力。对新知识有着勇于追求、尝试的动力和精神，对于旧有的思考模式勇于突破、创新。

（8）执行力。面对预定目标以及指定的任务，有着脚踏实地的毅力和实践力，能够持续地完成目标。

（9）沟通协调力。在人群中有着足够的敏锐度和觉察力，能够进行有效的沟通，注重横向协调，最终能够达到双赢甚至多赢的目的。

（10）成就动机力。对自己的未来有着高度期许，能制定明确的目标，并有着强烈的动机和毅力向目标迈进，最终达成目标。

（11）情绪掌控力。有很好的自我情绪管理能力，不会轻易因外在环境里人、事、物的异动而影响情绪变动，导致情绪失控。

（12）工作续航力。对工作保持热忱的态度，对工作质量追求完美，不会虎头蛇尾，半途而废。

4. 企业如何打造百万年薪职业经理群

企业的竞争力与个人的核心竞争力是紧密相关的。若是千万级企业，对应的要有一批几十万身价的职业经理人；若是亿级企业，对应的便要有一批百万身价的职业经理人。那么，企业如何打造百万身价的职业经理人呢?

首先，要综合分析职业经理人的三个方面：一是专业素质；二是通用素质；三是核心素质。专业素质看知识、经验、技能等要素；通用素质看上文所说的 12 项能力；核心素质重点考察一个人的价值观。

其次，根据分析结果进行使用与培养，以保证人岗匹配，最终达到发展人的目的。分析结果就好比给了企业一面镜子，可以照出职业经理人身上的优势与短板。优势要进一步引导，使其发挥至极致；短板要通过各种培训措施，使其得到弥补。这样有方向、有目的地培养人和发展人，必将达到成就员工、共赢发展的美好愿景。

最后，培养百万身价的职业经理人不是朝夕之功，必须做出长期的坚持和努力。这就要求企业设定对职业经理人的评价标准，依据标准定期进行评价，并根据评价结果做出使用和培养的决策。从标准到评价，再由评价结果到提升与发展，如果这样的一个闭环能建立起来，并持续运行下去，那么百万身价的职业经理人将会不断涌现。

高效能管理者的七个行为习惯

第一个行为习惯：激情

《中庸》有这么一段话："唯天下至诚为能尽其性。能尽其性，则能尽人之性。能尽人之性，则能尽物之性。能尽物之性，则可以赞天地之化育。可以赞天地之化育，则可以与天地参矣。"意思是：只有天下最真诚的人，才是能够充分发挥自己天性的人；能够充分发挥自己的天性，就能够充分发挥他人的天性；能够充分发挥他人的天性，就能够充分发挥万物的天性；能够充分发挥万物的天性，就能够帮助天地化育为物；可以帮助天地化育为物，就可以与天地并列为三了。

与天地并列为三，这是多么崇高的目标和多么伟大的结果，而要实现这一结果，首先要通过自己的真诚实现自己的天性，从而去感召人。

这与我们讲的激情有异曲同工之妙。做事情首先要有激情才能充分地展现自我，实现自我，然后通过自己的激情感染并调动他人的激情，进而迸发团队的整体激情。

综观历史，每一位一呼百应的英雄人物必定是满怀激情的人；环顾四周，我们身边能量大的人一定会在内心洋溢着激情。没有激情的人就像一颗石子投入大海，泛不起半点波浪。缺乏激情的人经常在各种挑战面前颓然退下，举旗投降。

另外，请各位管理者一定要记住，调动人的工作激情是管理者的基本使命。一个无法调动员工激情的管理者，万事休矣。

第二个行为习惯：诚信

诚信是人和企业的基石。孔子说："人而无信，不知其可也。大车无輗，小车无軏，其何以行之哉？"意思是说，做人没有诚信，不懂得基本的行为要求，就像大车失輗，小车失軏，怎么能行走呢？孔子的学生子夏也说："君子信而后劳其民，未信，则以为厉己也；信而后谏，未信，则以为谤己也。"意思是说，君子得到民众信任才能动员民众，没有得到民众的信任，民众认为你在虐待；君子得到君主的信任才能规劝君主，没有得到君主的信任，君主认为你在诽谤。

诚信是一份心理合同，是一个非正式的契约。在你许诺的时候，合同就在对方心中开始生效。如果许诺并没有兑现，那么等于将心理合同单方面撕毁，从而让别人失望，最后失去别人的信任。

恪守诚信在团队管理中有着重要的作用。一个管理者如果忠厚诚恳，实实在在，说到做到，就会使团队成员产生信赖感，进而更好地达成团队合作；如果轻诺寡信，一而再地自食其言，必然会引起团队成员的猜疑和不满，降低团队士气，影响最终的团队绩效。

诸葛亮一生诚信，忠于承诺。在《出师表》中，他说："臣本布衣，躬耕于南阳，苟全性命于乱世，不求闻达于诸侯。先帝不以臣卑鄙，猥自枉屈，三顾臣于草庐之中，咨臣以当世之事，由是感激，遂许先帝以驱驰。"他感激刘备的诚意，承诺追随刘备。后来受任于败军之际，奉命于危难之间，为他的承诺用尽一生。正是这种一诺千金的品格成就了一个千古名相。

鉴照古今，一个人一定要让诚信来代表自己。如果诚信不足，人们便不会信任你。一个不能取信于人的人，是无法带领团队的，更难以让团队取得成功。

第三个行为习惯：责任

当一个管理者不断挑战自我，去承担更多责任的时候，就能争取到更多展示自己才华的机会，不断获得成长，也能为团队做出更大的贡献。

一个敢于承担责任的管理者，更加能够产生强大的凝聚力，激发团队成员的潜能。而任务完成后的那种成就感会增强团队的归属感，让大家感受到自身存在的价值，从而拥有更大的信心，提高团队协作效率。

相信很多人都读过《把信送给加西亚》。这篇文章最早刊登在 1899 年的一本杂志上，后来被收录在戴尔·卡耐基的一本书中，并被翻译成多种语言出版发行。这里节选部分原文：

当美西战争爆发后，美国必须立即和西班牙的反抗军首领加西亚取得联系。加西亚在古巴丛林的山里，没有人知道确切地点，所以无法写信或打电话给他。但是，美国总统必须尽快获得他的合作。怎么办呢？

有人对总统说："有一个名叫罗文的人，有办法找到加西亚，也只有他才能找得到。"他们把罗文找来，交给他一封写给加西亚的信。

罗文拿到了信，把它装进一个油质的袋子里，封好，吊在胸口，划着一艘小船，四天后的一个夜里，在古巴上岸，消失在丛林中。接着在三个星期后，从古巴的那一边出来，徒步走过一个危机四伏的国家，把那封信交给加西亚。

这个故事的重点在于，当美国总统把一封写给加西亚的信交给罗文时，罗文并没有问"他在什么地方？如何找到？"故事盛赞了罗文积极主动承担责任的心态。的确，只有心态上负责任了，行为上才会主动，行动才会更加有效。

管理者敢于承担责任，首先体现在愿意积极主动地承担额外的工作，分担团队的压力与责任；其次体现在发生问题时勇于承认错误，敢于承担责任，努力解决问题，并准备好避免问题再次发生的预防措施。

管理者一定要记住：你在一件事情上有多负责任，意味着你在这件事情上有多大的影响力。

第四个行为习惯：欣赏

现代人力资源管理的精髓之一是把合适的人放到合适的位置，其中的核心就是欣赏。企业是一个大系统，涵盖了生产、销售、财务等不同的专业领域，各领域的人才术业有专攻，身上既有优点也有缺点。如果能拥有欣赏的眼光，就能从每个人身上找到闪光之处，从而用最合适的位置来匹配，那么人尽其才就不是难事了。

古人云："士为知己者死"，豪侠之士为了报答他人的知遇之恩，即便赴汤蹈火也在所不惜，就是因为得到了别人发自内心的欣赏和肯定。可见，欣赏是一种积极的心态，可以激发出他人内在的力量，收获他人的激情和投入，塑造积极的团队氛围，形成企业的向心力。

第五个行为习惯：无私

《道德经》说：以其无私，故能成其私。应用在管理学中就是说，正是由于管理者不自私，所以才能成就自己。

管理者应做到公、正、明、大。能公，则自然没有私欲；能正，则自然不存偏见；能明，则自然没有隐情；能大，则自然深涵广博。伤害管理者形象的，莫过于私心莅事，私心断事，私心处事。管理者不能有私心，有私心就失去了公心，失去了公心也就失去了人心，从而无法凝聚起团队，最终影响绩效的达成。

人活着肯定有自己的目标和想法，获取目标和实现想法的方式有两种：一种是依靠自私的方式得到，不择手段，以我为先；另一种是凭借无私的付出得到，成全他人，利人利己。两者尽管最后的结果都是"得到"，但是过程不一样，带给别人的感觉不一样，达到的境界自然也不一样。

请管理者一定要记住，心存私心就无法凝聚人心，只有凡事为公，带领团队才会专业而轻松。

第六个行为习惯：执着

《道德经》中说："言有宗，事有君。"翻译过来就是："言论有宗旨，办事有主见。"如果一篇文章没有一个主题，往往会让读者不知所云。说话与写作一样，应该做到“言之有物”，如果只卖弄口才，或者东一句、西一句，让听话的人一头雾水，一定达不到沟通的目的。做事情更是如此，既要有目标，又要有执着的行动，否则便会影响效率和效果。为了坚定地达到目标，必须避免出现被美国心理学家考克斯所称的“羚羊思维”。

有一次，考克斯和约翰进行了一次凌晨穿越伦吉提大平原的飞行。平原上景色非常优美，大象、狮子和大群羚羊席卷而过。他们的非洲导游注意到他们正盯着那一大群羚羊，便说道：“羚羊的数量这么大，真是一件好事啊！否则，这个物种很快就会灭绝。”考克斯问他为什么这么说，他笑了，然后指着一头停止奔跑的羚羊说：“那头羚羊发现了天敌，本能地逃开，但是它忘记了是什么促使它奔跑，甚至有时候在最不适当的时候停下来。我曾经看见它就停在天敌旁边，有时甚至向某个天敌走过去，似乎它已经忘这是几分钟以前让自己惊慌失措的天敌。如果不是有太多羚羊的话，我想这整个种群将在几个星期之内被消灭干净。”

考克斯听完非洲导游的描述后，马上发现在现实的商业世界中也有类似的现象。很多人为自己设立了一个目标，而且为此努力了一阵子，但很快就放弃了，理由是“这太难了，比想象中的难”，然后就永远停在那里一动不动。

管理者要带领团队将事情做正确，前提是明确方向并确定目标。不过为了避免上文所讲的“羚羊思维”，要有坚持不懈、不达目的不罢休的精神。歌德在《浮士德》中说：“始终坚持不懈的人，最终必然能够成功。”

第七个行为习惯：远志

心存远志永远是成功的第一要素，一个人如果没有远大的志向，必定会被眼前的鸡毛蒜皮而扰乱了心智。《道德经》说：“知足者富，强行者有志。”意思是说，知道满足就等于富有，努力不懈才算有志气。

1940 年 11 月 27 日，李小龙出生在美国旧金山。因为父亲是演员，李小龙从小就有了跑龙套的机会，于是产生了想当一名演员的梦想。由于他身体虚弱，父亲便让他拜师习武来强身。1961 年，他考入华盛顿州立大学主修哲学。后来，他像普通人一样结婚生子。但在李小龙的内心深处，一刻也不曾放弃当一名演员的梦想。

一天，李小龙与一位朋友谈到梦想时，随手在一张便笺上写下了自己的人生目标："我，布鲁斯·李，将会成为全美国最高薪酬的超级东方巨星。作为回报，我将奉献出最激动人心、最具震撼性的演出。从 1970 年开始，我将会赢得世界性声誉；到 1980 年，我将会拥有 1000 万美元的财富，那时候，我和我的家人将过上愉快、和谐、幸福的生活。"

写下这张便笺的时候，李小龙的生活正穷困潦倒。不难想象，如果这张便笺被别人看到会引起什么样的嘲笑。

然而，李小龙却把这些话铭刻心底。为了实现梦想，他克服了无数常人难以想象的困难。例如，他曾因脊背神经受伤，在床上躺了四个月，但后来却奇迹般地站了起来。1971 年，命运女神终于向他露出了微笑，他主演的电影《唐山大兄》《精武门》《猛龙过江》均刷新中国香港票房纪录。1972 年，他主演了中国香港嘉禾公司与美国华纳公司合作的《龙争虎斗》，这部电影使他成为一名国际巨星，并使他收获"功夫之王"的美誉。1998 年，美国《时代》周刊将其评为"20 世纪英雄偶像"之一。

1973 年 10 月，事业刚步入巅峰的他因病去世。在美国加利福尼亚州举行的"李小龙遗物拍卖会"上，这张便笺被一位收藏家以 2.9 万美元的高价买走，同时，2000 份获准合法印刷的副本也当即被抢购一空，以致拍卖会的主持人大叫："这就是你以后有必要把想到的事情马上写下来的原因所在。"

李小龙之所以能成为迄今为止在世界上享誉最高的华人明星，与他年轻时就明确写下自己的人生志向并积极地付诸行动是分不开的。

从李小龙的故事中我们知道，不立远志，不足以成事，但立了远大志向，却没有执着的行动，照样无法成功。一个高效能的管理者，一定是有远大志向且不懈追求的人。

职业经理人一人分饰四角

笔者曾在《财富》杂志上看到一篇写美的集团董事长兼总裁方洪波的文章，题目是《中国最成功职业经理人的成长史——杀手、隐者、梦想家和过客》。

尽管文章没有对杀手、隐者、梦想家、过客这四个词做出更详细的解释，但看到这个题目后，笔者觉得把这四个词用在职业经理人身上，阐述职业经理人应扮演好的四种角色，非常之妙。

这里首先要申明的是，为便于阐述，本文所说的职业经理人专指部门负责人这一特定角色。对四个词的顺序也做一个调整，即梦想家、杀手、隐者、过客。

1. 梦想家

职业经理人的基本使命是带领团队去完成组织目标。带领团队是“因”，完成目标是“果”。如果一个职业经理人不擅长带团队，仅依靠自己一人之力或几个骨干，是很难实现好结果的。这也意味着，衡量一个职业经理人是否胜任的重要标尺就是其带团队的水平。

人对工作回报的期盼，除了物质利益外，还有工作的成就，两者是相辅相成的。因此，职业经理人要激励好员工，凝聚团队的力量，除了做好分配工作之外，还要予以员工工作成就感。这就是职业经理人要扮演好的梦想家角色。

这个角色的要求是：一是向员工阐明部门存在的意义和价值；二是宣传企业愿景、使命，分解战略目标，使每一个团队成员都能感觉到自身工作的价值和意义；三是创造机会，让员工与部门及企业共享发展成果。梦想家的特点是能感染人、号召人，而这两点恰恰是职业经理人的基本功。

2. 杀手

一想到“杀手”，我们脑海中可能会立即浮现出冷酷无情、技艺高超、身手敏捷、目标精准等字眼，而这些其实非常符合职业经理人的角色特征。

正所谓“慈不带兵”，只有具备军令如山的魄力，才能号令三军往前冲。职业经理人要做到对人严格及对事情的最终结果严苛，没有冷酷无情的一面是很难做到的。“道是无情胜有情”，严格是大爱，无情的背后一定是员工和企业的快速成长。

职业经理人的角色要求任职者不仅能管人，还要能做事。既要动嘴皮子号令三军，也要撸起袖子加油干。员工缺位了，职业经理人要能顶上；员工犯错了，职业经理人要能纠正。

一切的机会均不可能留给行事拖延、左顾右盼之人，当你在深思熟虑的时候，别人早就捷足先登了。在快速变化的数字化时代，只能在“跑步中瞄准，而非卧倒中瞄准”。商界更是如此，身手不敏捷，便要落后挨打。

职业经理人最终的价值是要能做对的事情，事情不对，累死了也是白搭。因此，职业经理人一定要能如“杀手”一般精准锁定目标，并带领团队成员全力以赴，完成使命。

3. 隐者

最高级别的领导是“无形领袖”，即不用自己操心，下属就会自动自发、各司其职地帮助领导达成目标。所以，检验一个管理者水平的高低，不是看他自己多能干，而是让他出差个把月后，部门里所有的工作是否还能井井有条，如常推进。如果一个部门离开了部门经理，照样能运转自如，那就真正说明和验证了这个部门负责人的高超管理水准。

由此可见，能在部门做“隐者”的管理者才是最高级的“无形领袖”。

4. 过客

“铁打的营盘，流水的兵”。一个管理者不能终其一生都在一个部门工作，或者调离或者跳槽，总有离去的时候，说白了，就是“过客”。但离去有两种情形，也会衍生两种不同的人生：一种情形是怀念。当你离去时，所有的人都依依不舍，这种状况折射出的是人生的成功。另一种情形是唾弃。当你离去时，所有的人都如释重负，这种状况折射出的是人生的失败。

另外，好的过客不是转身离去时身后的大厦因为没有你而轰然倒地，而是你离开前便亲手栽培了接班人，无论你何时离去，接班人都能接棒，使精彩再续、事业更上一层楼。这样的过客，才能称为“华丽转身”。

现代企业高管最重要的五种能力

如果一家企业的方向是明确的、清晰的、正确的，那么管理水准将几乎决定企业的成败。而一家企业的管理水准取决于企业高管的管理高度，企业高管的管理高度又由五种能力决定，这五种能力是：

1. 持续学习的求知力

学习一时管用一时，学习一世管用一世。社会在发展，市场在变化，企业也要不断适应环境并敢于创新。企业高管是企业跟上变化、快速成长的关键。只有企业高管持续不断地学习，才能把新的思维和做法带到企业，为企业带来新的活力。也只有企业高管持续不断地学习，才能以从容不迫的姿态面对市场竞争环境的多变性。

从工业时代进入数字化时代，最重要的一个特点就是“变”。要能在“变”中发现规律，寻找机会，唯有不断地学习，去改变自己战略眼光和格局。在企业不断发展壮大的过程中，企业高管要重新考虑自身的定位问题，提升自身的战略管理能力、运营控制能力、人力资源配置能力、财务管理能力和营销开拓能力等，让自己的能力与时俱进，适应新的环境及变化。

2. 化繁为简的洞察力

林语堂说："人生的智慧在于摒弃那些不重要之事"，企业的发展同样如此。著名的蓝海战略思想就是通过对价值链的重新定位，放弃那些不重要的部分，集中力量做好那些对企业至关重要的价值环节，从而获得竞争优势。

《道德经》也说："少则得，多则惑"。应持续优化企业的行动，让删减、精简和纠正成为企业的日常工作。而正确取舍就在于用慧眼去识别并有勇气去拒绝那些不重要的事情，这些恰恰又取决于企业高管的洞察力。

洞察力帮助我们辨别方向。如果我们不知道前往何处，那么，任何道路都会失去意义。无论如何，只有围绕明确的目标全神贯注，才能帮助企业取得更大的成功。

3. 聚力汇贤的感召力

感召力也称为"领袖气质"，是个人具有的一种人格特质，尤其是指那种神圣的、鼓舞人心的、能预见未来、创造奇迹的天才气质。具有这种气质的人对别人具有吸引力并能得到别人的拥护，这样的领导者也被称为魅力型领导。

一位具有感召力的企业高管，无疑是一个团队的核心。这个核心的作用，一是让企业所有人的思想和行动都聚焦在企业共同的愿景、使命和价值观上，让大家步调一致，齐心聚力完成企业的目标；二是汇聚天下英才，让那些有正能量、能干事的人聚集在周围，共创、共享、共赢，集众人之力来实现宏伟目标。

4. 持之以恒的意志力

意志力是心理学中的一个概念，是指一个人自觉地确定目标，并根据目标来支配、调节自己的行动，克服各种困难，从而实现目标的品质。

孟子曾说过："天将降大任于斯人也，必先苦其心志，劳其筋骨，饿其体肤，空乏其身，行拂乱其所为，所以动心忍性，曾益其所不能。”这段话生动地说明了意志力的重要性。持之以恒的意志力可以帮助企业高管克服前进道路上的一切困难，企业也会因此而拥有光明的未来。

5. 推陈出新的改变力

旅日作家小野在《改变力》一书中说：“世界变化不停，人潮川流不息。别以为躲在舒适圈里日复一日地得过且过就是成长——那只是变老。当世界无法改变时，有想法，才有活法；有改变，才有出路。”

改变的前提是“推陈”，只有打破固有的思维定式和习惯做法，才能结合当下的环境做出应变，甚至适度地前瞻引领。也只有应变和引领，才能逐步把企业带上康庄大道。

总而言之，现代企业高管只有具备了持续学习的求知力、化繁为简的洞察力、聚力汇贤的感召力、持之以恒的意志力、推陈出新的改变力这五项基本能力，才会使企业的内部运营体现出高水准，进而将企业推向新高度。

领导凭什么带团队？《我不是药神》观感

电影《我不是药神》中有一个情节给笔者留下了深刻的印象：主角勇哥带着其团队成员之一黄毛，到码头取从印度走私回来的药品时，被警察盯上。黄毛发现这种情况后，趁勇哥不注意，将载有药品的车一踩油门开走了。为了解勇哥之围，黄毛有意让围堵的警察去赶追自己，最后不幸撞上卡车而身亡。

看到电影的这一幕，笔者热泪盈眶，心中非常感慨：一位领导能让下属做到舍身保全，已经是领导最上乘的境界了，勇哥凭什么做到？

还是讲黄毛。黄毛在电影中最初是以抢劫者的身份出现的，因没钱买药，冒险抢了重疾患者吕受益的药，完全是一副痞子形象。

后来勇哥如何将其收至麾下的呢？首先就是许以利益，以低价给药及高额提成发工资的方式，让黄毛愿意追随。通过这种最直接的方式，勇哥也聚拢了提议勇哥进货的吕受益、钢管舞娘刘思慧，以及患病但英文流利的牧师，从而组建了团队。

用“利”聚拢团队，这是领导团队的最基础策略。运用这种策略，可以让人的身体来，但不一定能让人的心也跟过来，做到全情投入，用心以对。

但勇哥做到了，让大家很卖力地为他做事。大家之所以全力以赴，不仅仅是因为利的问题，还因为勇哥的“义”。例如，黄毛抢了吕受益的药，勇哥一听火冒三丈，直接赤膊上阵追打黄毛，替吕受益出了一口气。又如，勇哥请舞娘刘思慧、牧师、黄毛、吕受益等人到舞厅吃饭观舞，舞厅男经理要刘思慧跳脱衣舞，被勇哥制止。经理不干，僵持之际，勇哥将一叠钱甩在桌上，指着经理说：“不就是钱吗？你跳！”结果这位男性经理真的跳起了脱衣舞。那一刻，刘思慧扬眉吐气。再如，牧师仗义揭发假药贩子张长林，结果被保安围攻，勇哥一看，二话不说，招呼黄毛、吕受益、刘思慧，加入群殴行列。

当然，打架斗殴不好，但是勇哥的这些做法的的确确显现出了他豪侠仗义、勇于担当的热血情怀，表达了对下属一种发自内心的关爱，自然也取得了大家对他更深层次的心理认同。

这样领导下属就够了吗？如果仅做到这些，黄毛在最后不至于用生命去保护勇哥，在勇哥被判坐牢后，也不会有一千多名患者自发涌上街头十里相送。那勇哥凭什么？答案是：爱。例如，黄毛不想回家，说：“家里人以为我都死了，回不回去无所谓。”但勇哥多次劝黄毛“一定要回家看看”。这是勇哥对下属的“小爱”。勇哥金盆洗手后，不忍对那么多无助的患者弃之不顾，于是顶着坐牢的风险，再次出山，以贴钱低价的方式为患者进药，尽全力让患者活下来。这是勇哥的“大爱”，是对一类群体的责任与担当，是对生命的敬畏，令人肃然起敬。

笔者认为，就是这样一种至高层次的品格成就了勇哥的人格魅力，让他成了下属与患者的一种精神寄托和心灵安慰，而这样的精神感召着他的下属和周围的人愿意长期追随而无怨无悔。

如果我们抛开电影本身的诸多争议，仅从勇哥身上所展现的领导力去剖析，我们可以很清晰地得到一个结论：领导要带好团队，一定要做到利、义、爱三者的结合。利是领导力的基础，义是领导力的延伸，而爱则是领导力的升华和灵魂。如果最终没有爱的精神体现，那么领导将无法做到让团队永久追随并全力以赴。

那么，现实中的情况是怎样的呢？第一，在“利”的层次，很多领导连分钱都还没学会，或者干多干少干好干坏一个样，怕得罪人而搞平均分配，或者照顾自己的兄弟或至亲而破坏了公平，这样的领导怎么能凝聚团队？

第二，在“义”的层次，成绩是领导的，错误是下属的，遇事推诿扯皮、不负责任、不敢担当，这样的领导，怎么能服众？

第三，在“爱”的层次，很多领导对员工的成长进步漠不关心，做事情又缺乏大格局、大境界，这样的领导如何能凝聚人心？

做领导是简单的，也许一个机遇就碰上了，但做好领导却没那么容易，要能不断地修炼和提升自己。

唯有心存大爱，才能聚人心、干大事！

企业高管开展人才管理的三项核心技术

现实中，很多管理者虽然精通业务，但带团队的本领比较弱。

为什么管理者只懂业务，不懂如何带团队？原因无外乎两点：一是缺乏对现代人力资源管理的系统认知；二是缺乏人才管理的基本技能。

对于第一点，限于篇幅，不再赘述。针对第二点，本文将重点阐述管理者应掌握的三项人才管理核心技术。

1. 选对人

人选不对，一切皆枉然。管理者要带好团队，首先要过好选人这道关，不要把这项重要的事情全都交给人力资源管理部去办。就好比选对象，你能放心地把这项重任交给媒婆全权办理而不闻不问吗？毕竟过日子的是自己，而不是媒婆。若不合适，难受的是当事者双方，不会是别人。

管理者要如何才能做到选对人呢？具体有三点：

第一，要有一套人才选聘标准。

这套标准应涵盖两个方面、五大内容：第一个方面是“合不合”，有三大内容：①应聘者的价值观与企业价值观是否匹配；②应聘者的职业兴趣与目标岗位是否匹配；③应聘者的特质与团队成员是否匹配。第二个方面是“能不能”，有两大内容：①专业知识；②应用知识的技能。

第二，要有一套评鉴方法。

看人行不行，不能只有面试，即使再加上笔试，也不全面。要依据人才选聘标准，选择不同的方法，综合加以判断。例如，看一个人的价值观，可辅以背景调查；看一个人的职业兴趣、特质和应用知识的技能，可采用人才评鉴软件辅助决策；看一个人是否具备专业知识，可采用面试加笔试的方法。记住，一定是综合专业的判断，而不是单一而草率地凭经验定夺。

第三，要有一套纠错机制。

没有谁能做到百分之百慧眼识才，无论再专业的老手，看人都有走眼的时候。所以，人招进来后，要有一套纠错机制。如果试用一段时间后发现人与岗位有偏差，那么首先要分析造成偏差的原因。若是价值观不匹配，要尽快劝退；若是专业兴趣或个人特质与团队不匹配，应根据情况做转岗处理或劝退；若专业知识或通用管理技能欠缺，则要通过日常工作指导、培训等方式予以提高，使之从“不行”转变为“行”。

2. 用好人

选对了人还要能用好人，否则人再对也不会创造价值。如何保证用好人，也有三点：

第一，职责清晰。

人所在的岗位要做什么事，必须做到什么结果，如何做，即职责、标准、流程一体化，这是做好工作的基础规范。明晰了这些，才有用好人的基础，也才有可能开展工作创新和跨边界协作等。

第二，激励到位。

激励有两种，一种是物质激励，另一种是精神激励。物质激励要公平合理，不要让“老黄牛”“老实人”“奋斗者”等这些做实事的人吃亏；精神激励要对症下药，如喜欢被人肯定的，主管就要不吝表扬。

管理者要能通人性，而人性最本质的追求无外乎是“名”和“利”，只有尽量地理解和满足大家在这方面的追求，才能最终激励到位。

第三，绩效管理。

只有让每一个人在岗位出绩效，才是用好了人，而绩效的最终产出不能靠考核，只能靠管理。所以，管理者要懂得绩效管理的基本知识，并善用绩效规划、过程管控、考核分析、激励改善等绩效管理专业技能，以此来让大家多做事、做对事。

3. 发展人

人不是资源，因为资源只会耗费而不能增值；人是资本，但资本会增值也会贬值，这增贬之间相当一部分取决于管理者如何作为。若管理者不承担绩效教练的角色，只会用人但不会育人，长此以往，人就会贬值而不会增值。一旦人无法增值，就会导致团队的整体贬值，进而影响到部门和企业绩效。

因此，管理者不但要能用好人，更重要的是能做到同步发展人，让人不断成长进步。要担当此任，应明确并践行驱动人发展的三个步骤。

第一个步骤：要能识别人。既要知道人的长处，也要对其短板了然于胸。

第二个步骤：因材施教。针对人的短板，要能知道用什么方法去改变和提升。只有因材施教，才能帮助人成长。

第三个步骤：知行合一。教了要督促其用，在用中要促其变，否则，教了也是白教。

任何一家企业的发展都离不开管理的职业化，而管理的职业化首先必然体现为管理者的职业化。由此可以认为，培养并造就职业化的管理者是企业转型升级的重要一环，也是企业培育核心竞争力的重要组成部分，企业要万分重视并全力做好。

老板的三项基本原则

这十多年来，因为职业使然，笔者接触了很多大大小小的老板。在这些老板中，有些很成功，也有些不尽如人意，甚至很多走着走着就没有了踪影。客观来说，老板并不好做，无论大小老板，都过得比较煎熬。那些看上去风光无限的，也许只是表面现象，若深入接触，就会很容易感知到其内心的种种焦虑和挣扎。若有第二次选择职业的机会，相信很多人不会再走老板之路。

做人难，做老板更难，做好老板更是难上加难。一个好老板的标准是什么，或许很难界定清楚，但在笔者看来，至少需要坚持三个基本原则。

第一个原则：社会情怀

大学生魏则西之死的新闻曾在网上传得沸沸扬扬，舆论直指莆田系民营医疗机构及百度。人民网为此特意发文："患有罕见病的大学生，通过网络搜索找到一家医院，在花光东凑西借的 20 多万元后，仍不幸去世。尽管有人指出，搜索引擎的主要责任在于鉴别参加竞价推广者的医疗资质，难以对每位患者的疗效负完全责任，但作为医疗机构或医疗技术的网络推广平台，搜索引擎承担了公共媒体的社会功能，能否因此就放弃自己的社会责任？个中疑问，引发人们对搜索引擎‘良知’的强烈关注。”

是是非非的背后，无非是利益在搅局。在巨大的利益面前，有多少企业没了操守、失了底线？如当下食品安全已成为巨大的社会问题，很多人指责有关当局监管不力，但背后的一众老板若坏了良心，再多的监管又能管出什么样的食品安全？

一到假期，海外大商场中国游客疯狂购物的场景赛过春运。“华人爆买清单”已从原来的奢侈品、电器等，逐步转变为儿童感冒药、卫生巾、丝袜、保温杯、电动剃须刀、指甲钳等相对平民化的低价日用品。这些产品既非国内稀有，又非科技含量高，更非高档国际名牌，为什么国人远涉万里抢购呢？无外乎就是冲着别人的诚信、质量和价格而去的。

消费者用脚投票显示的是对国货信心的不足。当前的供给侧改革特别呼唤企业和企业家精神，若企业及企业老板唯利是图，忽略甚至轻视了义，不但会葬送企业的未来，甚至会为民族的复兴埋下隐患。

眼中只有利，而没有爱、责任和担当的企业及老板，走不了远路。好老板，当怀揣社会情怀上路。

第二个原则：人本思维

若问老板最关心的是什么，或许十个中有九个告诉你：规模、利润和发展。这当然没错，若企业没有利润，不追求发展，那办企业干什么呢？问题在于，利润从何而来？靠老板一个人可能吗？显然不行，要靠团队，要靠人心。员工是驱动利益实现的首要因素，利润是果，员工是因，没有因，何来果？所以，关心利润必然要首先关心员工，照顾好了员工也就等于照顾好了利润。

员工、客户、股东三方的满意度应如何排序？很多老板会说客户第一，企业致力于追求客户满意，但问题在于，若没有员工满意，何来客户满意？只有首先确保员工的满意，才会有客户的满意，最终才能实现股东价值。这个顺序反映的是商业的基本逻辑，不容出错。

“以人为本”是很多老板常挂在嘴边的话，但具体到实际，却是典型的“以利为本”。若眼中只有利润，则容易陷入“物本思维”而忽略“人本核心”。没有办法经营人心的老板，注定没有办法经营好企业。

第三个原则：运营能力

当企业的发展方向明确后，最考验老板心智的是如何凝聚人心，让大家拧成一股绳，齐心聚力向发展目标冲刺。

而在现实中，让大小老板烦恼的恰恰是招得到人，却得不到人心。虽然老板有很多想法，但真正落地的很少；老板天天在折腾，而下属却朝九晚五优哉度日；凡事必须老板亲自督战，否则交办之事如泥牛入海，无声无息；问题老是重复发生，但下属却天天推诿扯皮，不负责任；企业已问题丛生，但没有人能提出良策推动变革，唯有老板负重前行……凡此种种，老板不苦，谁苦？

问题在于，面对上述种种，若能苦尽甘来，再多的苦，老板苦了也值得；但是，若无良策应对，面对的必定是苦海无边，回头无岸。

因此，老板一定要修炼好自己的运营能力，要在机制塑造、文化导入、识人用人方面有远见卓识。有好机制才能用好人，有好文化才能发展人，有人才有未来！

对走上老板之路的大小老板而言，既然选择了走这条人生路，那就要把这条路变成不悔的路。在路上，一定要创造价值，活得精彩。怀揣社会情怀、人本思维、运营能力三项基本原则上路吧，前路漫漫，但风光无限！

第三辑

HR 蜕变指南

管理之道

如果战略和商业模式是任脉，人力资源管理便是督脉，只有把任督二脉打通，人力资源管理才能真正实现商业价值。

如何避免成为一个油腻的猥琐 HR？

最近，冯唐的一篇《如何避免成为一个油腻的中年猥琐男》在网络蹿红。文章因为坦诚面对中年危机，且幽默风趣，引来中年大叔们的会心一笑。

笔者模仿冯唐，检讨了如何让自己避免成为一个油腻的猥琐 HR，具体包括以下十项内容：

第一，不要裹足不前。

人力资源管理的工作对象无外乎就是“人”与“事”。先说人，当前“85 后”“90 后”正在迅速地改变着职场的人才生态环境，他们无论是想法还是做法，显然与上代人截然不同。有些企业老板自己还在艰苦奋斗，连车也舍不得买，但手下员工开奔驰、宝马上班的却不在少数。面对这种情形，你和他们讲“以奋斗者为本”“决不让雷锋吃亏”诸如此类的，他们多数人会不屑地撇撇嘴。

再说事，当前人工智能、大数据、物联网等风生水起，用传统技术去对接未来形势发展肯定穷途末路。今天企业参加校园招聘还派出各路人马分赴各大校园轰轰烈烈搞人海战术，明天与招聘有关的一切全部在网络上搞定。如果不回应这种变化，不前瞻性地快速布局新的操作流程和策略，未来很多 HR 将束手无策。

其他 HR 技术也是如此。形势发展一日千里，倘若身子进入新时代，而脑子还停留在旧时代，裹足不前，那么在明天，你不猥琐谁猥琐？

第二，不要两眼朝天。

在企业，HR 因为工作性质往往会有更多的机会与老板接近，手中多少会有些实质上的权力，所以很多 HR 习惯“挟老板以令诸侯”，只看老板脸色行事，对同事却两眼朝天，不屑一顾。

在圈中，有些 HR 因为所处的企业声名显赫，自己也借企业平台有更多的机会接触 HR 新理念，实践 HR 新技术，别人因此前来取经学习，一时似乎万众瞩目，集万千宠爱于一身。这个时候，如果是没有定力的人，往往容易自我膨胀，自认为老子天下第一，两眼朝天，对圈中 HR 同仁态度轻蔑。

做人最忌鼻孔朝天，目中无人。“天外有天，人外有人”，做人不知内敛、低调务实，一味张扬跋扈，总有被枪打的时候。最痛苦的人生莫过于得意时在云端众人皆捧，而失意时跌落地下人人唾弃。

第三，不要包装过度。

现在，在这个过度商业化的时代，一个不起眼的协会、联盟，甚至一本非正规杂志，都可以给那些愿意的单位或个人“批发”各种眼花缭乱、名头大得吓死人的荣誉或头衔。如果把这些当作自己简介的一部分，岂不自降身份？所以不要去标榜自己是“××× 第一人”，也不要把什么“十佳经理人”“风云人物”等拿出来炫耀，这些并不值钱，值钱的是你的真才实学。或许，有人并不这样认为，说商业离不开营销，营销离不开包装，包装是为了更好地发展。如果产品过硬，何需包装？产品就是营销！如果产品不行，包装得越厉害，一旦被识破真相，岂不死得越快？与其花时间去包装自己，让自己的简历看起来更漂亮一些，倒不如潜下心来打磨属于自己的核心竞争力。

第四，不要学无目标。

HR 圈子很爱学习，翻开朋友圈，几乎每个周末都可以看到圈中诸君晒各种学习和培训。笔者留意了一下，有些人一年的学习内容多达几十门课，跨界学习的内容好像也蛮多。虽然学习精神值得称道，学习态度也非常端正，但人的成长真的需要学那么多杂七杂八的东西吗？不要忘了成人学习著名的“三个一”：一听就懂，一看就会，但一转身就忘了。只学习不应用，学再多的东西转眼就会忘记，除了浪费时间、精力，增加自己在不确定领域的焦虑之外，能有什么收益？

每个 HR 君学习的单个课程不能说不好，但学习如果不加以组合，不系统而专业地学，则再好的课程都发挥不出应有的效果。

有效的学习应该是首先要有目标；其次要能判断出实现目标的关键能力；再次要能判断与识别自己的优势和短板；最后要针对不足的部分进行有目的、有步骤的学习。

人这一辈子要做的事情很多，但精力有限。要将事情做好，一定要能抓住主要的，放弃次要的和不必要的，学习也是如此。

第五，不要只有专业。

以前，HR 圈中朋友爱说“人力资源管理如何为战略服务”，但问题在于，如果你都不能深度参与企业战略和商业模式等顶层设计，人力资源管理专业再深厚，技术水准再高，又怎么去服务？拿什么去服务？

因此，必须从战略和商业模式等顶层设计层面去理解 HR 的专业定位和技术策略。这就意味着，如果一个人力资源管理从业者不了解业务、企业和行业，没有掌握相关的经营理论和知识，是很难成为有价值的 HR 的。

假设 HR 只懂专业，对其他的一知半解，甚至根本不了解，那在别人眼中必定是油腻且猥琐的。

第六，不要自我注水。

几年前，笔者曾经受客户委托去面试一位HR总监，临了问对方需要多少薪水，他说年薪在税后35万元左右。本来像客户企业的规模聘一位年薪在35万元左右的HR总监也算是合理的，无可非议。但笔者和这位应聘者面聊下来，认为以他当时的水准，年薪35万元太高了。他说："我现在任职的这家企业是行业标杆、上市公司，我已经在这里8年了。其间，干成了好几件人力资源管理的大事，同行及HR界很多人都来向我取经，多家猎头公司也承诺如果我跳槽的话，至少会有50万年薪的岗位待遇。"企业的确是行业标杆，在行业标杆干成了几件漂亮的大事，也绝对没有水分，但问题是，干成一件事情离不开团队合作，离不开企业机制，离不开文化氛围。如果企业的团队合作、机制、文化氛围等都不错，一个能力一般的人也可以干很多漂亮的事情。也就是说，一个人面对取得的成绩，要能客观地评估自己在其中的作用，不应该把什么好的都往自己身上揽，而偏偏忘记了促成事情的其他相关要素。要能客观而实在地评估自己的实力，不要高估了自己。

如果你高估了自己的身价，别人也按这个身价聘请了你，自然期望值也就等同于甚至高于这个身价。假设你没有这个能力，给别人造成的反差必定是巨大的，由此双方必互生嫌隙，最后自己被迫出局，还影响了自己的口碑。职业生涯的不稳定，必定会影响到职业发展而误了自己的一生。

第七，不要朝三暮四。

职场中最油腻猥琐的表现莫过于吃着碗里的，看着锅里的。总体而言，频繁跳槽一定是弊大于利。如果在35周岁之前还没有找到适合自己的定位，没有发现适合自己长期发展的环境或机会，除非有特别的运气出现，否则，恐怕这一辈子难有大的作为。

因此，首先，一定要定位好自己，知道自己的兴趣什么，想要什么。其次，一定要找到好的发展土壤。假设你是一粒种子，但土壤不匹配，你是发不了芽的，更长不成参天大树。最后，一旦有一片土壤相当适合你这粒种子的时候，那就要端正心态，提升做事的水准，全力以赴。这个时候最忌讳的有两点：一是无休止的抱怨；二是没有抗挫折心理，稍有麻烦，便想到撤退，而没有攻坚克难再进一步的勇气和智慧。人和人之间的距离有时会很大，造成这很大距离的，差别却在那一点点：有人在难题面前转身而去，有人迎难而上，从而守得云开见月明。

第八，不要圈中自娱。

中国社会本身就是一个圈子社会，各种圈子层出不穷。专和人打交道的 HR 诸君自然也不甘寂寞，于是这个活动，那个聚会，玩得欢天喜地，甚至还搞出一个“人力资源管理节”。

笔者认为，光靠人力资源管理技术很难做出人力资源管理的价值。擅长在圈中混的 HR 诸君看到的、听到的都是同质内容，如果不从跨界的层面去思考人力资源管理，很多人力资源管理问题是无解的。

因此，HR 们要学会打破圈子，从 HR 圈中走出来，多与非 HR 圈中的人接触，如企业经营层等，从而以更宽广的思维、更多元的角度去做出 HR 的经营价值。

第九，不要未老先衰。

笔者曾与一位服装企业的老总在办公室聊天，问他为什么要将总部从厦门迁到广东，他说广东除了有更完善的产业链、更便宜的房租之外，更重要的是有更多充满干劲和朝气的高素质人才可供选择。他说：“在厦门面试员工，很多人会问‘周末是不是休息两天？’‘一天上班几小时？’如果周末或平时要加班，很多人会不愿意。但在广东，没有应聘者会问这个。如果谈到出差，厦门的应聘者会说‘长期出差我没办法，一个月出差两三天是可以的。’但在广东，应聘者会说‘只要给我机会，全国各地我都愿意去，去多久都可以！’”作为一个创业者，笔者深有同感，一个城市要有活力，要有发展的底蕴，人首先要有朝气，要能闯能冲能干。一个小小的晋江为什么会有那么多大品牌、上市公司，这与当地“爱拼才会赢”的地域文化是密切相关的。

人亦如此，如果年纪轻轻就喜欢上了安逸的生活，那么，凭什么在人群中脱颖而出的是你？

有所追求的人一定要避免“算了，算了，就这样了，何苦那么累”等未老先衰的想法。人生就是拿来折腾的，有成就的人几乎都是善于折腾的，都是生命不息，折腾不止。

第十，不要停止锻炼。

锻炼的好处不仅是让身体更健康，而且会使人生发一种自信和朝气。这种由内而外的气质会增添一个人的职场资本，有利于工作和事业的发展。

一个每天萎靡不振的人，与一个每天朝气蓬勃的人，谁更容易抓住成功的机会呢？这显然不言而喻。因此，要把锻炼当作一种生活方式。

若想真的成为优秀的 HR，一定要能接受辛苦的生活。不折腾自己一把，你怎么知道自己是如此的优秀，HR 是如此的伟大，世界又是如此的美好呢？

高价值的人力资源总监应如何作为？

人力资源管理部门如何成为企业的战略伙伴？如果不首先探究企业战略及商业模式，并由此落实到团队和人的身上，那是很难在这个点上有所突破并取得成效的。何为人力资源总监？如果没有能力深度参与企业战略规划和商业模式设计，那基本都是“伪总监”。从这点来看，很多企业花高价聘请的人力资源总监其实水货居多。

现实中，很多人谈股权激励、组织设计与人才变革等谈得头头是道，但对企业战略和商业模式一头雾水；有些人言必愿景、战略、商业模式，但对人力资源管理一知半解。

如果仅谈人力资源管理技术，人力资源总监必定抓不住工作的重点，更谈不上让人力资源管理为企业发展服务，往往为谈专业而谈专业，为工作而工作。如果仅谈战略和商业模式，但无力让人力资源与其相对接，那么战略和商业模式必定浮在空中落不了地。如果战略和商业模式是任脉，人力资源管理便是督脉，只有把任督二脉打通，人力资源管理才能真正实现商业价值。

因此，既懂战略和商业模式，又精通人力资源管理的人力资源总监，才可能成为高价值的人力资源总监。但事实是，这种人力资源总监在现实中比较稀缺。如果企业能碰到，一定要好好抓住并善待之，因为其一定能为企业带来超值效益。

具体来说，要成为高价值人力资源总监，应从以下几方面着手：

第一，人力资源总监要去研究企业战略规划、商业模式设计等，并结合实际，与行业发展、企业定位等深度融合，创造一切机会参与企业的战略规划和商业模式设计，由此来指引工作的方向，确保抓住工作重点，并明晰人力资源管理该如何作为才能驱动企业发展。

第二，人力资源总监应思考以下几个关于人力资源管理的关键问题，并找到破解策略。

（1）关于招聘。如果没有建立人才标准，招聘工作该如何开展？

（2）关于培训。如果不明确培训需求和培训后如何转换，光培训有效吗？

（3）关于绩效。如果人都选不对，再强调绩效，企业能得到吗？

（4）关于分配。如果连基本的分配规则都没有，仅靠拍脑袋定薪酬，能激励人心吗？

（5）关于员工关系。如果视制度为儿戏，仅靠人情和人文关怀能维系长久而健康的和谐劳资关系吗？

从笔者的经验来看，当前很多企业的人力资源总监喜欢造概念、玩概念，但令人惊讶的是，其所做的很多最基本的工作根本经不起推敲与检验。沙滩上是建立不起高楼的，靠忽悠吃饭的人力资源总监不可能有好的未来。

第三，人力资源总监要能搞定老板和同事。搞定老板才能明确战略，明确战略才能清晰方向和抓住工作重点，四两拨千斤。搞定同事说白了就是要跳出人力资源管理部门去明确各部门的业务，熟悉业务才能知道别人的痛点。人力资源管理只有解决了别人的痛点，才谈得上对别人有帮助，而对人有帮助的工作才是能得到大家真心拥戴的工作。如果上能搞定老板，下能搞定同事，那么人力资源总监在工作上必定左右逢源，最终创造价值。

成为一个名义上的人力资源总监并不难，但要成为一个实质上的HR总监，特别是高水准、高价值的人力资源总监却并非易事。不过，正是因为其难，倘若做到了，价值就实现了，精英也就诞生了。

世间之事莫不如此。面对困难，大部分人望而却步，只有一小部分人迎难而上，而这一小部分人无一例外地成了社会精英。

一杯咖啡吸收宇宙能量

聊天也是生产力

一天，同在人力资源管理领域的老乡发来微信，问笔者有没有在厦门，笔者说：在，过来喝茶吧。老乡遂前来公司，一见面便很谦虚地说是带着问题来的。好啊，带着问题求解的聊天才有收获。

泡好一壶红茶，两人便就着茶香聊开了。在两人思想的碰撞中，得出了做好人力资源管理一定要经历的金字塔式三个层次。

第一个层次是塔基，要夯实人力资源管理的基础。有“三个一”：读一本人力资源管理经典，这本经典是要常读常新的，而且不是读一遍，要多遍地读（例如，笔者经常读的一本经典就是美国著名人力资源管理学者加里·德斯勒所著的《人力资源管理》）；参加一次有战略高度、知识广度和专业深度的系统人力资源管理培训；借助一个平台去实践人力资源管理的理论。这样通过知行合一，便能系统掌握人力资源管理的专业基础，从而一脚迈进人力资源管理领域。

第二个层次是塔腰，要充分了解所在的行业和企业。行业的过去、现在和未来是什么？这个行业的标杆是谁？他们的人力资源管理有什么特点，以及有什么可借鉴的？这些都要通过各种途径去了解、消化和吸收，然后结合自身企业的特点，明确在当前企业的生命周期中，人力资源管理应该怎么作为，如何帮助企业成功。如果仅谈专业，但不擅长结合行业和企业特性去整合人力资源管理的话，一般而言不会创造真正的价值。

第三个层次是塔尖，要形成自己的理论框架并借助平台去传播。将实践经验经过系统总结和提炼后，要形成文章去发表，或者形成专著去出版。长此以往，在长期耕耘的行业（建议在进入一个行业之后务必要深耕，跳槽时可以换企业但最好不要换行业）便成了人力资源管理的大家和权威，影响力也日渐形成。由此而来的直接好处是可以让你所供职企业的最高领导愿意与你进行平等而深入的对话，从而使你取得最高领导的支持，成就人力资源管理的价值。

当然，能进入第三个层次的人力资源管理人员是比较稀少的，很多人力资源管理人员只是在老板的俯视与命令下开展工作，自然难逃被边缘化的命运。

聊天至此，一壶红茶便已煮出人力资源管理人员的清晰发展路径，若能加以实践，或许会改变很多人力资源管理人员的命运。谁说聊天不是生产力？

任正非鼓励华为 fellow 去聊天

任正非说："一杯咖啡吸收宇宙能量，你们这些 fellow（代表华为专业技术人员重大成就的最高称号）的技术思想为什么不能传播到博士和准博士这些未来的'种子'里面去？你们和大师喝咖啡，现在为什么不能也和'种子'喝咖啡？喝咖啡是可以报销的。别怕说白培养了，不来华为，他总要为人类服务的吧？把能量输入到'种子'阶段，这就能形成庞大的思想群，就像一个石头丢到水里面引起波浪一样，一波一波影响世界。”

任正非还说：“华为的高级干部与专家要多参加国际会议，多‘喝咖啡’，与人碰撞，不知道什么时候就撞出火花。回来写个心得，你可能觉得没有什么，但也许就点燃了熊熊大火，让别人成功了。只要我们这个群体里有人成功了就是你的贡献。公司有这么多务虚会就是为了找到正确的战略定位。这就叫一杯咖啡吸收宇宙能量。”

因此，任正非鼓励华为人：“在思想上要放得更开，你可以到外面去喝咖啡，与人思想碰撞，把你的感慨写出来，发到网上，引领一代新人思考。”

走上坡路的人生应该怎么设计?

一个封闭的人，一个从来不学习的人，是不可能走上人生的上坡路的。尽管很多人很想往上走，但走着走着就走不动了，甚至在走下坡路了。难道是命运不济吗？其实命运是实实在在掌握在自己手中的。

假如一个人能坚持每天读一篇高质量的文章，每周找一位高人深聊一次，每月看一本对工作和生活有启迪的书籍，那么长此以往，这个人的命运可能就会被改写。一辈子下来，再回头看看，就会发现这一生都在走上坡路。

天上不会无缘无故掉下馅饼让一个人饱餐一顿，即便有一天买彩票中奖了，你也要有福去消受。这个“福”便是一个人每天与人为善，每天实实在在地付出和行动。“想到”加“做到”才能“得到”。认准了便去坚持的人，才会有精彩的人生。

狗贩子的营销对人力资源管理改革的启示

一位父亲想给女儿买一条狗，碰见了三个卖狗人。

第一个卖狗人说："你看这条狗很好，好像你女儿也挺喜欢的，1000 块钱，你再好好看一看，喜欢就交钱吧。至于说以后怎么样，跟我就没关系了。"父亲摇了摇头，走了。

第二个卖狗人说："你看这条狗非常好，是英国的纯种狗，好像你女儿也挺喜欢，1000 块钱，这个价格也合适。我不敢确定你女儿明天是不是还会喜欢，你先付我 1000 块钱，一周后，如果你女儿不喜欢了，只要你把狗抱回来，钱就退还给你。"父亲有点心动，接着来到第三个卖狗人面前。

第三个卖狗人说："你女儿看起来挺喜欢这条狗的，但我不知道你有没有养过狗？""没养过。""既然没养过，我会跟你一块儿把狗带回家，然后在你家找一个最合适的地方，搭一个狗窝。我会放足够的食物给它，你可以喂它一个星期，我还会教你怎么喂。一个星期以后我再来，如果你女儿仍喜欢这条狗，你就给我 1000 块钱；如果不喜欢，那我就把狗抱走，而且把你家打扫干净。"这位父亲很痛快地买了第三个人的狗，甚至没有讨价还价的想法。

相信大家读了这个故事，很容易就会想到销售中经常谈到的三点：①必须 100% 站在对方的角度，深入了解对方的内在需求；②永远不卖承诺，只卖结果；③没有营销，只有人性。

其实，若要在企业成功推动人力资源管理改革，同样需要遵循上述三点内容。

首先，必须站在对方的角度而非仅从专业的角度推动人力资源管理改革。

由此，需要对三个方面非常清楚：第一，对方的业务模式与特征。如生产部门、营销部门、研发部门等是如何开展相关业务的？第二，人力资源管理体系的建立（如绩效、薪酬体系等）对部门业务的发展有何提升？第三，对方能理解并掌握相关操作技能吗？

其次，体系落地方为王道。

不要为了追逐潮流而去做什么人力资源管理变革。管理从来就没有最先进的，只有最合适的。所以，不要动辄就和企业及其他部门说我们这套做法是国际领先的等诸如此类的话。能落地才是硬道理，否则一切皆为浮云。

最后，人力资源管理改革要让大家接受并支持，一定要把握人性。

对大部分人而言，人性通常是利己而非利他的。这或许很残酷，但却是事实。任何一场改革，尤其是触及利益和权力再分配的改革，如果不能让对方获得利益，则几乎没有成功的可能，因为改革者会面临诸多的挑战和反弹，最终因为压力大而无奈放弃。

三个卖狗人，最后一个之所以能成功打动顾客，就是深谙销售法则的缘故。推动变革也通此理，理通了，路自然也就通了。

优秀人力资源总监是如何炼成的？

为了让大家更好地厘清本文的阅读逻辑，首先摘录在微信朋友圈看到的一段文字："人一辈子的学习大致由三大部分组成：一是从书本上获得。包括启蒙教育、基础教育、高等教育，还有工作后的长期阅读，这归属于学习的塔基。二是实际工作中的感悟、短训和自我修炼。这部分基本可以看到一个人到底能走多远、多快、多稳，是自我学习最重要的一环，形成塔腰，起到承上启下的作用。三是高水平的交流，你选择与谁共事，选择向谁学习，这是塔尖。"本文就从这段文字开始，谈谈一位优秀的人力资源总监是如何炼成的。

优秀人力资源总监炼成的塔基

一位优秀的人力资源总监必须具备系统的知识学养。如何夯实这部分基础，笔者的建议是分三步走。第一步：参加一个人力资源总监实战课程，这是基础部分。这部分的学习要特别关注课程结构和师资构成。在课程结构上，要看是偏理论还是重实践，是侧重于策略还是技术。总监级别的课程结构应在把握大趋势的前提下，突出高层管理思维与实践而非理论，重视策略而非基础技术。在师资构成上，最好是理论界大咖 + 咨询顾问 +500 强企业在职人力资源总监。避免单一师资构成，如清一色高校教授。第二步：进修一个 MBA 或 EMBA 学位，这是延伸部分。人力资源管理仅是管理的一个分支，通过 MBA 或 EMBA 的学习，能从管理的宏观视角更为精准地理解人力资源管理，从而对人力资源管理及其变革趋势拥有更为专业的把握。第三步：选修一门经济学课程，这是提升部分。管理学回答的是“是什么”，属于应用技术范畴；经济学回答的是“为什么”，属于揭示规律和本质的研究型学科。有经济学的底蕴后更能把握管理的规律，无论是思路还是视野，都将对做好人力资源管理产生根本影响。

若能分三步有序、有目的地去规划自己的学习生涯，将对提升一个人力资源总监的底蕴起到很大的促进作用。事实证明，没有系统知识结构的人力资源总监，一定会碰上发展的瓶颈。

优秀人力资源总监炼成的塔腰

一个仅有人力资源理论和实践的人，是做不好人力资源总监的。一位优秀的人力资源总监，往往是经历了销售、生产甚至技术等诸多业务领域的磨砺。既懂业务又懂专业，才是做好人力资源总监的基础。

因此，人力资源总监在日常的工作安排中，必须有时间能深入各业务部门，了解和熟悉各业务部门的工作，学会从业务部门的角度思考人力资源管理的问题，想明白如何做才能帮助各业务部门提升绩效。人力资源总监不走出人力资源管理部门，闭门造车，是无法获取大家的认同的，让人力资源管理帮助企业创造价值也就无从谈起。

人力资源总监要了解和掌握各业务部门的业务知识，“深入其中”是最为关键也最为有效的方法。职场人学习提升最有效的比例是：70% 来自工作实践，20% 来自别人特别是上级领导的指点和教导，10% 来自系统学习。所以，一位人力资源总监若没有时间深入各业务部门，几乎无法了解业务，以至于人力资源管理思路得不到众人响应，最终落不了地而不了了之。

除了深入各业务部门之外，研读各业务部门出台的相关政策、制度，了解文件及背后的要义，也是人力资源总监快速了解各业务知识的一条便捷途径。

总之，在实际工作中的感悟和自我修炼是人力资源总监提升自己的重要环节。只有在懂业务的前提下，才能设计好人力资源管理的专业体系，也才能更好地服务各业务部门和企业，进而实现人力资源总监自身的价值。

优秀人力资源总监炼成的塔尖

洞悉行业和专业的发展趋势，并提前做好布局，是一位优秀人力资源总监必须具备的基本素质。要把握趋势的走向，人力资源总监仅把精力放在企业显然达不到这个层次，时间久了容易坐井观天。所谓“读万卷书，不如行万里路；行万里路，不如高人指路”，所以，人力资源总监要创造条件多出去走走，参加一些高端、权威、专业的论坛或会议，多接触行业内的高人，从而把握前沿思想，洞悉未来发展趋势。

高人一般拥有丰富的阅历和扎实的专业底蕴，因而具有敏锐的眼光和准确的判断。“听君一席话，胜读十年书”，通常困扰我们的难题，经高人点拨立即就有可能豁然开朗。和什么层次的人交往，会决定一个人前进的速度及能走到的高度。

经常与各方高人泡泡茶，聊聊天，应该成为一个优秀人力资源总监的工作习惯。

总经理是决定人力资源总监成败的关键

人力资源总监要能有效地推进人力资源管理的各项工作，总经理的理解和支持至关重要。人力资源总监的成败，从某种层面上讲，与其和总经理对话时间的长短和深度密切相关。如果总经理愿意坐下来听人力资源总监长谈，并且能深入谈，则人力资源总监的工作就成功了一半；相反，工作就不可能有成效。所以，影响不了企业高层的人力资源总监，几乎不可能成为优秀的人力资源总监。

当然，让一个日理万机的总经理愿意将时间花在人力资源总监身上，完全取决于人力资源总监的底蕴和高度。对话时，人力资源总监应了解企业的发展愿景，并将此与人才战略关联，准确知道企业的痛点和人才管理风险是什么，解决方案是什么，推进过程中的障碍和化解策略是什么，可借鉴的成功和失败案例有哪些，等等。

总之，挂上一个人力资源总监的头衔或许很容易，但要做好人力资源总监的角色并不容易，一句话："自身要有扎实的底蕴，纵向要能影响总经理，横向要实现无边界跨部门的协同，对外要能结识高人并与高人携手同行"。这里说的每一条要实现的话，其实都挺难，但迎难而上，总会见到曙光。

第四辑

揭秘人才招聘

管理之道

人，毫无疑问是驱动企业发展的最核心的因素，只有找得到人，选得对人，企业的发展才有良好的基础与保证。

只有符合这三点，才是企业的人才

不同企业的兴起，有其特定的机遇和自身条件，但也有共性因素。成功企业崛起的历史表明，人才是任何一家企业崛起的基础和共性因素。所以，重视人才，并能科学而有效地做好引才和用才，是企业运营的基本功。但是，对到底什么是真正的人才，很多企业未必有很清醒的认识。

例如，有些企业在招聘时公开宣扬："对研究生敞开门，对本科生开扇门，对专科生关着门，对高中生怎么敲也不开门"，这是唯学历论；而有些企业喜欢看是否有在同行业著名企业任职的经验，如果应聘者恰好有，便会如获至宝，这是唯经验论。但事实上，几乎所有的企业都知道，如果一个人不能为企业创造价值，即使学历再高，同行经验再丰富，对企业而言，也不是人才。例如，比尔·盖茨在 IT 业是个人才，但如果把他放在其他行业或许就一无是处。

那么，为什么当前那么多企业虽然都知道人才对企业发展的重要性，但在招人、用人的时候往往陷入唯学历、唯经验的错误当中，以致找错了人、用错了人呢？

笔者认为，原因在于：一是没有分清楚人才的属性；二是没有建立起人才的识别标准；三是没有掌握用才的专业方法。

人才的属性

人才是有二元属性的，从宏观的视角去看，即社会人才；从微观的视角去看，即企业人才。

社会人才的标准是德才兼备，即人品好且具备做事的才干。而企业人才除了德才这两点外，还要再增加一条：做成事，即能为所在的企业创造价值。

要成为企业的人才，一定首先是社会人才，即德才兼备；而社会人才未必最终就是企业人才。如马云，他能有今天的成就，当然是当之无愧的社会人才。但是，对他所在的第一家单位——杭州电子工业学院而言，因为马云的志向不是老师，所以马云做老师的能力再高，人品再好，也不可能为杭州电子工业学院所用，最终也成不了他们的人才。

正是因为人才有这样的二元属性，所以企业千万不能笼而统之地将社会人才当作企业人才，而是要建立人才标准，以此去识别和用好人才。

识才的标准

笔者认为，企业人才标准的构建应当从五个方面去考量。

1. 价值观

就是衡量一个人的人品，即德的方面。如果一个人的人品不过关，其他方面再强，终究不可能为企业可持续地创造价值。价值观是企业人才标准构建的基础，是选人、用人首先要考察的重要内容。

2. 职业兴趣

如果一个人的职业兴趣与所在岗位不相匹配，那么这个人就很难发自内心地喜欢自己的工作并全力以赴，一旦找到与自己的兴趣相匹配的其他工作，企业再怎么努力，要留住这个人的概率也是比较低的。

3. 与上级的匹配度

与上级的匹配度是指上下级之间价值观、能力和性格等方面的兼容程度。如果上下级之间是不匹配的，就会影响到凝聚力，进而产生内耗。如果这样，一旦条件允许或成熟，真正有才能的人必定选择离开。

4. 专业知识

这一点毋庸置疑，做任何工作都要有相关的知识体系做支撑，如做会计的要懂财务知识，做销售的要懂销售和产品知识等。学历、专业、经验、职称等这方面的要求，在这里都要详细地界定清楚。

5. 应用技能

是指应用专业知识的能力。如管理者，要做好管理，需要专业而系统的管理知识做支撑，但是否意味着 MBA 专业毕业生就可以成为优秀的管理者呢？未必！如果缺乏管理者必备的领导管理力、人际社交力等应用技能，则管理知识再丰富，也成为不了优秀的管理者。

上述人才标准构建的五个方面中，价值观、职业兴趣、与上级的匹配度会影响到一个人对工作的意愿度，是决定“愿不愿”的方面；专业知识、应用技能会影响到一个人对工作的能力度，是决定“能不能”的方面。

如果能充分考虑到“愿不愿”和“能不能”两条主线，并由此进行价值观、职业兴趣、与上级的匹配度、专业知识、应用技能五大要素的人才标准设计，那么就能引领企业做好科学的选才和用才工作。

用才的方法

依科学而专业的人才标准，找到了适合企业发展的人才后，并不是说企业就可以高枕无忧了，更为重要的是，必须让适合企业人才标准的人才，能为企业的利润实现创造价值。这关乎企业的运营机制和管理方法。

人才在企业到底能否创造价值，或创造了什么价值，除了人才自身的努力之外，企业的运营机制和管理方法将起到决定作用。运营机制中和人才创造价值最密切相关的当属激励机制，企业务必要考虑到如何分配和创造公平发展的机会。如果一个愿意干活、能干活的人不能得到合理的收入回报和发展机会，久而久之，必定会丧失对工作的激情，抑或离开企业去寻求新的发展机会。

说到让人创造价值的管理方法，毫无疑问是绩效管理。企业要能树立正确的绩效管理理念和建立专业的绩效管理方法，特别是要让管理者和全体员工都知道：绩效管理不是人力资源管理部门的事，不是为了考核评分扣奖金。管理者和员工一定要掌握绩效管理的方法，并以此来让自己创造更大的价值。

行文至此，可以知道，企业的人才一定要同时满足三个条件：①态度上有工作的激情；②做事上具备了相应的能力；③结果上为企业创造了价值。

对照这三点，企业该如何作为？我们是不是算企业真正的人才？大家不妨思索，并由此做出行动和改变。

从携程亲子园虐童事件看招聘的正确思维

携程亲子园为了节约成本，以极低的工资聘用了没有资质的人担任老师和保育员，最终酿成了虐童事件。由此可以看出，这是一起典型的招聘失察案例。

驱使企业发展最重要的因素之一是能找到对的人，这是企业运营的基本常识，因为其中揭示的道理很简单：企业所有的设想和目标都要依赖人去实现。人对了，事就对；人错了，事肯定跟着错。

可惜，在这个基本常识上，很多企业并未深入思考和采取正确方法，一切似乎都在碰运气。运气好，选对了人，万事大吉；运气不好，选不对人，企业麻烦一堆，影响了发展，甚至因为人的问题而导致企业倒闭的事也时有发生。

综观众多企业，之所以在选人的层面犯错误，无一例外首先在于选人标准的模糊和不专业。

这是笔者在朋友圈看到的一则招聘信息：

“招人事行政专员一名，本科以上学历，三年以上人事行政工作经验。掌握各种招聘渠道，有制造业从业经验和熟悉 OA 系统优先。掌握人力资源管理六大模块的运作，特别是对制度建设有丰富的经验。为人正直，忠诚守信，工作严谨，保密意识强，具有良好的沟通能力和协调能力。”

这则招聘信息貌似该有的要求都有了，但 90% 以上的信息都在考察“能不能”，如对经验、学历、技能方面的要求。但是，如果一个人并不愿意从事该项工作，哪怕能力再高，也不会为企业所用。如果这个人还有负面的情绪和心理夹杂其中，则能力越高，对企业产生的破坏作用反而会更大。

因此，除了“能不能”的因素外，招聘必须还要看“愿不愿”的因素，如上述招聘信息中的“为人正直，忠诚守信”等涉及价值观的描述，就是考察应聘者是否具备“愿不愿”的素质。但在上述招聘信息中，第一，关于“愿不愿”的考察内容明显少于关于“能不能”的考察内容。第二，“为人正直，忠诚守信”等定性描述并不容易考察，结果在面试的时候，或者考察不到位，或者干脆不考察，写了也白写。第三，“愿不愿”和“能不能”的考察顺序错了。绝大部分企业首先考察应聘者的学历、经验、技能等“能不能”的素质，其次才看甚至干脆不看价值观等影响“愿不愿”的素质。如果一个人的价值观都出现了偏差，能力再符合要求又有何用？回头再看携程虐童事件，主要还是在于当事者的价值观出了问题，而不是能力欠缺。如果一个人的价值观是端正的，即使能力不足，也可以在事后改善和提升。

如此一分析，我们就会发现，现在众多企业偏向于对“能不能”的考察，而忽略了对“愿不愿”的考察，显然有违常识，跑偏了方向。

如果携程亲子园当初在招聘老师或保育员的时候，除了看其硬性的“能不能”之外（当然，这次虐童事件的当事者或许连这一点都并未过关），还花时间去重点考察“愿不愿”的因素，特别是其中的价值观部分，或许这次虐童事件就不会上演。

无论如何，想尽一切办法找到对的人，对任何一家企业来讲都是极其重要的，一定不能马虎。

选人有技巧，按图索骥帮你定位宝马良驹

有数据显示，员工离职后，从找新人到新人顺利上手，光是替换成本就高达离职员工年薪的150%，如果离开的是管理人员，那么代价更高。更为纠结的是，据权威机构估算，一个员工离职会引起大约三个员工产生离职的想法。照此计算的话，如果员工离职率为10%，那么就有30%的员工正在找工作；如果员工离职率为20%，那么就有60%的员工正在找工作。因此，员工离职对企业而言，成本是巨大的，降低员工离职比率，也成了企业人力资源管理的关键内容。

本文的主题是讲招聘，怎么首先与离职较上了劲呢？

其实，笔者一向的观点就是，降低离职率首先要从招聘开始。如果人没有看准，不仅离职的风险会大大增加，而且用人育人的成本也会直线上升。我们不难想象，如果一个人被招聘进企业后，对企业或岗位不感兴趣，甚至是厌倦的，那么一旦外面有机会，他是会毫不犹豫选择跳槽的。如果外面没有机会，大部分人会有职业懈怠感，导致用人难度增加，也迫使企业对其工作数量和质量的改善做出相关的培训，从而加大了这部分的投入。所以，如何招聘到对的人，对企业人力资源管理来说

是基础也是源头。对管理者而言，招聘到对的人是管理的第一步，如果人是错的，那么管理很难见到成效。

如何找到对的人？

找到人是要确保缺人的时候有人能顶替，是数量；找对人是到岗的人必须符合要求，是质量。如何找到对的人？管理者要从以下三个方面着手：

1. 建立人才标准

人才标准，通俗地说，就是岗位必须找具备什么条件的人。如何建立人才标准呢？笔者曾经提出“合不合 + 能不能 = 行不行”的选聘理论，这套理论完整勾勒出了人才标准构建的基本思路。

人才标准的构建，首先要思考“合不合”，具体包括三个方面：

一是价值观合不合。

在此，笔者先给大家讲两个故事。

第一个故事是：黄某 10 多年前在一家建筑材料公司当业务员。当时公司最大的问题是如何讨账。虽然公司产品不错，销路也不错，但产品销出去后，总是无法及时收到货款。有一位客户买了公司 10 万元的产品，但总是以各种理由迟迟不肯付款。公司派了三批人去要账，但都没能拿到货款。当时黄某刚到公司上班不久，就和另外一位姓张的员工一起被派去要账。他们软磨硬磨，想尽了办法，最后，客户终于同意给钱，叫他们过两天来拿。两天后他们赶去，对方给了一张 10 万元的现金支票。他们高高兴兴地拿着支票到银行取钱，结果被告知，账户里只有 99920 元。很明显，对方又要了个花招，他们给的是一张无法兑现的支票。第二天就是春节假期了，如果不及时拿到钱，不知又要拖延多久。

遇到这种情况，一般人可能一筹莫展了，但是黄某突然灵机一动，于是拿出 100 元，让同去的小张存到客户公司账户里去。这样一来，账户里就有了10万元，他立即兑现了支票。当他带着这10万元回到公司后，董事长对他大加赞赏。之后，他在公司不断发展，五年之后当上了公司副总经理，后来又当上了总经理。

第二个故事是：有家公司招聘了一位刚毕业的女大学生，该女大学生学识不错，形象也很好。刚开始上班时，大家对她印象还不错，但没过几天，她就开始迟到，办公室领导几次提醒她注意，她总是找这样或那样的借口来解释。一天，领导安排她到北京大学送材料，要跑三个地方，结果她仅仅跑了一个就回来了。领导问她怎么回事，她解释说："北大好大啊，我在传达室问了几次，才问到一个地方。"老总生气了："这三个单位都是北大著名的单位，你跑了一下午，怎么会只找到一个单位呢？"她急着辩解："我真的去找了，不信你去问传达室的人！"老总心里更有气了："我去问传达室干什么？你自己没有找到单位，还叫我去核实，这是什么话？"这位女大学生气鼓鼓地说："反正我已经尽力了。"就在这一瞬间，老总下了辞退她的决心。

在这两个故事中，主人公的行为及其导致的最后结果，都是源于价值观。第一个故事中黄某的价值观是极具正能量的：主动，想尽一切办法将不可能转化为可能；而第二个故事中女大学生的价值观无疑是极具负能量的：被动、搪塞、应付了事、不负责任。没有哪家企业会极力倡导和宣扬负面的价值观，因为这会对企业造成巨大的不利影响。这两个故事告诉我们，如果所聘之人的价值观与企业价值观是格格不入的，则这样的人对企业不会有正面的作用，只会带来不好的影响和巨大的用人成本。所以，选人用人首先一定要看价值观合不合。

二是职业兴趣合不合。

一个人无论在任何企业的任何岗位，要愿意多做事情并能将事情做正确，前提条件是这个人对所处的岗位充满热情与热爱，即这个人对这个岗位的工作是有兴趣的。权威机构的调研数据显示，如果一个人的职业兴趣与工作岗位是相匹配的，则这个人最终的产出比没有兴趣的人的产出整整多出200%。这是什么概念？即一个对岗位工作感兴趣的人工作一天，将类似于不感兴趣的人工作两天。如果一个人最终的兴趣不在本岗位上，时间久了，一旦这个人找到更为合适的岗位，必定拍拍屁股走人，从而不利于企业留人。

三是上下级之间的合不合。

无论是家庭中的婚姻关系，还是职场中的上下级关系，彼此相处贵在一个“和”字，“和”则万事兴。而“和”的前提条件就是两人在一起相处，能互相对脾气，合得来，舒服。若互相看不顺眼，则会斗气，斗就影响了“和”。上下级之间不团结，怎么能干成事？夫妻之间不团结，怎么会幸福？

因此，一个部门要招人，首先一定要看看部门负责人是什么特征的人。如果部门负责人是风风火火麻利型的，最好不要搭配做事拖拖拉拉、不急不缓的慢性子；如果部门负责人擅长宏观思维，那么一般要配备执行能力强的下属。如此上下搭配，才能优势互补，双方之间才会产生合力，也才有战斗力。上下级之间在一起干事，如果大家都舒心，将有利于把人留住，使其在企业干得更长久些。

人才标准的构建，其次要思考“能不能”，具体要考察两个方面：

第一个方面是专业知识。例如，要干好会计工作，一定要具备财务会计方面的知识。所以，要明确相关的学历、专业、工作经验，以及职称方面的要求等。

第二个方面是应用专业知识的能力。任何岗位的工作都离不开协作，协作就离不开与人打交道。所以，沟通与协作能力便成了对岗位任职者的基本要求。

2. 甄选方法

标准建立起来后，用什么方法去识别员工或应聘者呢？

首先是“合不合”的三个方面。

第一个方面，如何找到与企业价值观相匹配的人呢？对一个人的价值观，如责任心、忠诚度、工作的主动性、上进心等怎么去识别呢？如果是在岗的员工，管理者可以通过长期观察而得到基本判断；如果招聘的是新员工，可以通过背景调查去了解。

在数字化时代，其实大部分的人都在网络上留下了自己的痕迹，如在微博、微信上的一些言论。因此，有经验的企业管理者在考察阶段往往会关注应聘者的微博、微信、QQ 等个人言论，并且通过分析来勾勒出应聘者的基本画像，从而得出一个更加多元的判断。例如，企业要招聘的岗位需要一个能经常加班的人，但应聘者在他的微信朋友圈经常晒他的家庭生活、小孩状况，这就说明这个人的价值观是以“家庭”或“小孩”为中心，并不是工作型的人，那么企业就要注意是否聘用此人。

第二个方面，如何去考察和辨识一个人的职业兴趣？如果是在岗员工，可以在长期共事的过程中得出基本判断。如果是新聘用的员工，主要看三个方面：第一，看他的家世。例如，若一个人出身于世代从医的家庭，则选择从事医生这一职业，成功的概率会比较大。第二，看脑结构。习惯左脑思维的，偏理性；习惯右脑思维的，偏感性。假设找一位技术人员，最好能找到左脑思维的人。第三，看阅历。如果一个人长期在管理岗，一方面说明对岗位工作有兴趣，另一方面说明积累了相关经验。

第三个方面，如何找到与上级相匹配的人？这要分析双方的性格特征和技能优势，力求做到互补而不是相冲。

其次是“能不能”的两个方面，我们怎么去辨识呢？对于专业知识，可以通过笔试或面试的方法去考察。对于应用专业知识的能力，如沟通协作力、人际交往力、领导管理力等，针对在岗员工，可以通过长期观察而得出相关结论；针对新聘员工，可以通过无领导小组讨论、情景模拟等面试手段去观察，最好借助必要的人才评鉴技术去得到相关结论。

3. 科学的纠错方法

要能更好地选对人，企业及管理者一要知道如何建立人才标准，二要有甄别的方法。另外，企业及管理者还要掌握科学的纠错方法。

世界上没有哪一家企业可以做到百分之百地选对人。如果岗位的任职者经过一段时间的试用之后并不合适，怎么办？首先，企业各级管理者要学会分析人与岗位不匹配的原因；其次，针对原因对症下药，用科学的方法进行纠错，从而逐步让岗位的任职者从不行转变为行。

如何分析人与岗位不匹配的原因呢？也可以套用“合不合 + 能不能 = 行不行”这一理论来解决。

如果一个人在岗位上不行，首先看看是不是“合不合”方面的价值观出了问题。若一个人的工作不主动，喜欢推诿、指责等，笔者的建议是企业不必容忍，也不能迁就，一定要坚决劝退。

如果是职业兴趣与岗位不匹配，影响了投入，最终也影响了产出，其纠错方法应该是换岗。如果实在没岗可换，也要予以劝退，否则既耽误了企业，也耽误了个人的职业发展。

如果是与上司不合导致工作产出有问题，则应该调换部门或做劝退处理，不必勉强把两个不合的人撮合在一块儿，否则必定产生内耗而影响工作的有效开展。

如果上述“合不合”的三个方面都没有问题，那就要看“能不能”的两个方面，即专业知识及应用专业知识的能力是不是有短板。如果问题出在“能不能”方面，那么让其提高的办法就是培训，因为这个部分的欠缺是可以通过培训去弥补的。

针对在当前岗位不行的人，企业及各级管理者一定要知道，不要马上试图以培训这种单一的方式去解决，对“合不合”三个方面的问题，靠培训是很难解决得了的。只有在“能不能”的方面出了问题，才能通过系统培训有效地解决。

如何保证找得到人？

当前很多企业的一大痛点就是“要的人招不到，招来的人用不好，用得好的人留不住，留下的人讲条件”。

为什么我们的企业用人的时候招不到？无外乎三个方面的原因：一是没有人才规划；二是招聘渠道数量不够；三是企业的雇主品牌不好，没有口碑，别人不愿意加盟。所以，怎么保证找得到人，企业及管理者也要从这三方面着手。

第一，做好人才规划。

如果等到缺人的时候才想到要去招人，则招聘的难度会很大，甚至招不到人。正确方法应该是所有的部门管理者都要能预判企业的发展速度和方向，并根据这个预判至少要做一个关于本部门人才的三年规划。要想清楚未来三年内需要新增多少人，当下应该如何储备或培养。只有做到未雨绸缪，在缺人时才能从容应对。

第二，布局招聘渠道。

一方面，企业的人力资源管理部要有所作为；另一方面，管理者自身也要有这个意识及行动。笔者认识一位在快速消费品企业分管销售的副总裁，他管理着有100多个成员的销售团队。在他任职的将近二十年时间里，手下从来就没有缺过人。有什么秘诀呢？原来这个销售副总裁手上有一个他所在行业的销售人才库，他把这个行业公认的前100位做得最好的销售人员找出来，建立了名录，上面有电话号码、工作单位及地址等。平时，这个销售副总裁到各地出差，办完公务之后，一定会拿出名录看看出差地有没有这100位当中的人员，如果有，他就会邀请这些人出来喝喝咖啡、聊聊天。就是通过这些方式，他和这100位分布在各企业的销售人员建立了非常紧密的私人关系。一旦企业缺销售人员的时候，他或者让这些人来企业上班，或者让他们帮忙推荐人员。所以，他所在的销售部门是不会缺人的。这个销售副总裁的做法，就是在布局他的招聘渠道。

第三，打造雇主品牌。

要能在企业缺人的时候，快速地招聘到相关人选，除了上述所讲的做好人才规划和布局足够多的招聘渠道外，企业还要特别注意打造良好的雇主品牌。为什么公务员招考时会有千人竞争一个岗位的现象出现？其实就是政府良好的雇主品牌在起作用。一看到政府招聘，大家马上会联想到稳定、安全、有良好的发展前景等。又如，虽然餐饮业的服务员很难招，但如果海底捞去招服务员，可能就轻而易举，因为全社会都知道，海底捞对员工好是真心好。也正因为海底捞有良好的雇主品牌，所以它缺人时就容易招到人。

人，毫无疑问是驱动企业发展的最核心的因素，只有找得到人，选得对人，企业的发展才有良好的基础与保证。

改变世界的人力资源——员工招聘的 13 项标准

最近在一份资料里看到这样一则案例：美国特斯拉公司是一家制造零排放电动汽车的公司，倡导闪耀人力资源（Rock Star HR）。该公司的使命就是要加速世界向可持续交通转变，其制造的零排放电动汽车被评为“史上最佳”，特斯拉公司在国际上也开始逐步占据上风。不过，他们也由此感觉到了挑战与压力，如人力资源部门如何才能吸引和留住优秀员工，而员工如何才能成为更好的业务领导。

特斯拉公司希望一开始便拥有新的人力资源模式，并试图将其与所有业务联结，他们认为“任何业务和人力资源之间的脱节都不容姑息”。首先表现在人员招聘上，该公司列出了员工招聘的 13 项标准，饶有趣味，且每一条标准都可以视为成为优秀员工的基本胜任标准。若一个人能完全达到这 13 项标准，那这个人一定是出类拔萃的，而由一群出类拔萃的人组成的企业，完全可以改变世界。

本文一一列出特斯拉公司的 13 项人员招聘标准，并从人力资源管理的角度，向大家逐条详解各项标准的含义，以期引发大家对优秀人员认定的新的思考和实践。当然，这些解读仅是笔者的一家之言，仅供参考。

（1）你要能化腐朽为神奇。

解读：如果将此句的“腐朽”看作“问题”，则对问题的态度，企业员工一般有三种情况：一是对问题束手无策；二是能解决问题；三是能从解决问题的过程中触类旁通，举一反三，进而给工作带来显效创新。无疑，第三种情况下的员工才是真正推动企业进步与成长的员工，也是最具价值的员工。

若一个人总是说不可能，那么此人的职业发展必然也会不可能；若一个人能将别人眼中的不可能转化为可能，化腐朽为神奇，那么这类人的职业发展前景不可估量。

（2）成为特斯拉的领导者——大胆说出你的想法。不断努力创造积极的改变，必要的时候调教一下你的老板。毕竟除了公司的那些机器之外，大家都是普通人。

解读：身在职场的任何一个人，务必要有积极正向的阳光心态，不但要会埋头做事，也要能够善于沟通，整合资源来达成自身的目标，尤其是要整合直接上级甚至是老板的资源。为此，一定要明确上级对你的工作要求和期望，并且要让上级了解与理解你对工作的思路和看法，只有上下级之间达成高度的共识之后，才会有良好的执行结果。

一定要记住，人在任何岗位都要确保将手中的业务工作做到极致，甚至超越直接上级和老板的期待，哪怕今天不能超越，明天也要努力达成。如果一个人只会完成别人下达的任务，而做不到让别人也能认真倾听你对工作的看法并采纳你的意见，那是很难快速实现职业发展的。

（3）成为领导可信的业务伙伴和指引者，偶尔在周三下午和他们一起吃点爆米花。

解读：员工必须要有对上管理的能力，其作用之一是让领导充分了解和理解你的专业及工作思路，进而使你成为领导可信赖的业务伙伴和指引者。所以，定期与非定期地主动与领导沟通是非常必要的，要能主动地走到领导办公室，说："您好，我想和您谈谈……"

（4）了解我们的业务，明白怎样做会帮助公司加速发展。当然，加速时请系好安全带。

解读：一个人在公司要有价值，必须要能为所在的公司创造价值。所以，你一定要了解公司的经营目标是什么，而你所做的事情与公司目标的达成有何关系。若是对目标有推进作用的事项，则要知道它是缓慢见效还是快速裂变。对于快速裂变的事项，要知道可控度有多高，否则，推进得越快，反弹越大，留给企业的后患可能也越大。

（5）如果你觉得任务完成了，那请继续改进它。

解读：一个无法胜任工作的人，会被往前走的人群抛弃；一个只能胜任工作的人，不可能从人群中脱颖而出。只有不断超越工作对你的期望，不断打破现状，善于创新，才能在人群中脱颖而出。

（6）每天都要证明你的价值，没有带来价值的工作毫无价值。

解读：工作价值体现在三个部分：一是每天做了多少事；二是这些事都是对的；三是对的事都是高效达成的。

（7）做自己！每天装模作样真的很累的。

解读：不要因为要去讨好别人而伪装自己的个性。每个人都有每个人的精彩，率性而纯真的人最有魅力。记住，职场中最有效的讨好就是全力以赴做好自己的工作。工作不好，再点头哈腰都换不来别人对你的肯定和尊敬。

（8）热爱变化。在特斯拉，变化以光速发生。没准儿更快，但无法测量，因为实在太快了。

解读：当今这个时代，唯一不变的就是变化，适应变化的前提是主动学习，保持敏锐，放弃故步自封，以前瞻的视野来规划今天的行为。如果看不清未来，也不要封闭了自己。你今天引以为傲的东西，明天有可能分文不值。不变化，很可怕。

（9）主动出击。变化实在太快，等不及你反应，再说，看着事情发生才做出反应的人，表情实在太搞笑了。

解读：以变应变，要在跑步中瞄准，而不是在卧倒后再瞄准。只有比变化快一点，才能把握先机。人云亦云，跟在别人身后走路的人，因为节奏由不得自己把控，大多会让自己走丢。

（10）热爱接受挑战。说真的，真的是挑战啊！

点评：皮球面临的压力越大，触底反弹的高度便会越高。人不愿意去接受挑战，不去尝试对不可能的跨越，便会沦为平庸。

（11）认识别人，别人也会认识你。PS：大多数人都喜欢巧克力哦。

解读：在职场中首先要成为一个受欢迎的人，周围才会有人群聚集。做事情没有人帮，仅靠一个人的努力是成不了气候的。多一点对别人的包容，多一点对别人的欣赏，多一点对别人的赞美，多一份对别人的付出，便会多一个人对你的回报。

（12）知道、学习并且了解最新的人力资源信息。

解读：企业无论任何岗位的人，都不能只懂业务知识，还要懂人力资源管理理念和知识，从而用更专业的规范来实现绩效的最大化。一个没有系统人力资源管理知识的人，很难实现向职业化的蜕变。

（13）每天学点新东西，要不然就会变蠢。

解读：这点其实不需要解读，如果一个人不学习，会有竞争力吗？没有竞争力，会有发展力吗？

特斯拉公司的这 13 项人员招聘标准，不仅对企业的招聘有借鉴的意义，对员工规划自己的职业发展也是一套很好的参考标准。如果一个人能经常参照这 13 项标准严格要求自己，这个人必定能得到长足的进步与发展；如果一家企业能依此去选聘员工、要求员工、培养并发展员工，从而让员工完成那些不可能的任务，那么这家企业必定会因为员工的强大而变成名副其实的商业领袖。

企业选聘高管要重点考察的三个基本点

管理对企业的发展所起到的重要作用是毋庸置疑的，而一家企业管理水平的高低是由这家企业高层管理者管理水平的高低决定的。有一支好的高管团队，企业的发展便有了坚实的保障；若高管团队不合格，企业的发展也必然受到影响，有时候甚至是致命的影响。

因此，企业在选聘高管时需要上升到战略的层面去考量，不能掉以轻心。如何选聘合格的高管，笔者认为有三个基本点务必要考察到位。

第一个基本点：目标候选人的品德

高管的职责是带领团队实现并超越组织目标，驱动企业发展。其第一要务是能带兵，而不是自己身先士卒地冲锋陷阵。带兵的先决条件是服众，服众的前提是品德，而不是所在的位置或手中拥有的权力。一个德行不够的人是很难让人服气的，也是根本无法凝聚人心的。

如果品德不端的人走到了高层的位置，因为其所在位置的特殊性，其对企业造成破坏的力量是非常巨大的，甚至会危及企业的生存。这并非危言耸听，现实中这样的例子比比皆是，相信大家或有亲身经历，或看到过相关报道。

因此，对高管目标候选人的考察，品德一定要放在第一位。一个人的品德如何，在过往一定会留下口碑。只要有心，认真地开展一次背景调查，真相自会浮出水面。

第二个基本点：目标候选人与上级的匹配度

任正非配对孙亚芳，打造了成功的华为；张瑞敏配对杨绵绵，打造了成功的海尔；徐小平配对王强，打造了成功的真格基金；而大家所熟知的电视剧《亮剑》中，团长李云龙所带领的独立团之所以所向披靡，是因为有一个好搭档——政委赵刚。

一家企业也好，一个部门也罢，若上下级之间配对和谐，则团队战斗力自然会跟着强化；若上下级之间不匹配，则会产生内耗，使团队士气尽失。那么，上下级之间如何匹配呢？

首先，要有共同的价值取向。如果一个谈奉献，一个计较干多少事拿多少钱；一个信奉营销为主，一个坚守产品才是王道；一个坚持员工第一，一个认为客户才是核心，则难免会有冲突而形不成合力。上下级之间价值取向相左，意味着不可能同频思考和同频行动，从而影响行动的效率，到最后，一定是“道不同不相为谋”，你走你的阳关道，我走我的独木桥。

其次，性格要相融。如果一个刚烈，一个温柔；一个内向，一个外向；一个喜欢抛头露面搞交际，一个甘愿躲在人后抓落实，就会产生人际的和谐，提升工作效率，进而驱动发展。

最后，技能要互补。如果一个擅长宏观规划，一个强于微观执行；一个擅长感性决策，一个强于理性分析，则长短结合，优势互补，自然珠联璧合，天下无敌。

第三个基本点：目标候选人要有行业经验

没有行业经验行吗？虽然也有这方面的成功特例，但如果有选择，选那些行业经验丰富的人，成功路上必定会少走很多弯路，也会节省很多培养成本和试错成本。毕竟，经验也是核心竞争力，而经验的累积不是一朝一夕能完成的。

上述三个基本点是企业在选聘高管时要重点考察的内容，而且在实际操作中不能打乱顺序，更不能反向操作。

现实中，很多企业在选聘高管的时候，摆在第一位的往往是看其在哪个公司、哪个岗位做过什么事，若目标候选人有在著名企业相关岗位的任职经历，则会受到青睐。因为企业会联想到，目标候选人在那些令人景仰的企业都能做得那么好，到这边就更不用说了，而且可以通过这个人把那些企业的好经验照搬过来。这样的分析表面上看很有道理，但深层上忽略了环境因素。一个人在一家企业如鱼得水，固然有其个人能力的因素，但所处环境的文化、机制和团队也是不容忽视的重要因素。一旦这个人跳槽到与之不相匹配的环境中，很多企业才会惊奇地发现：这个人几乎在本企业无法像样地作为。所以，企业不要以为目标候选人在同行优秀企业可以做得风生水起，到了你的企业后照样也可以风生水起。

更可怕的是，通过长期共事发现，目标候选人和他的上级根本不合拍，两人经常产生不可调和的冲突，很多事情在内耗中消失得无影无踪。更令人不可容忍的是，这个人的人品也存在问题。

此时，真正的麻烦就来了：不换他，企业的运营效率甚至发展都会出问题；换了他，这一来二去的直接成本和间接成本对企业已构成了巨大损失。

因此，目标候选人上岗前，一定要先摸清楚其人品及其与上级的匹配度，再来看行业经验，这个顺序不能反了。如果人品不行，上下级之间不匹配，拥有再丰富的行业经验，也不会为你所用；如果人品过硬，上下级之间相处和谐，哪怕行业经验稍微欠缺些，也可以通过培养、历练等方式让其迅速弥补短板。

对于企业的发展，人很重要，高管更是重中之重，选聘时千万不能掉以轻心，要专业点、再专业点。

五星级酒店为什么会变成无星级的窝？

五星级酒店的卫生事件

2018年11月14日晚上，有位网名叫花总的网友录了一段11分钟的视频，把高高在上的五星级酒店彻底拉下了神坛。这位过去几乎以酒店为家的微博大V，用摄像头拍下了各大酒店的卫生乱象：捡起脚下的浴巾，擦完马桶擦水杯；一次性杯盖从垃圾桶捡回接着用……这种令人不敢想象的事，没想到喜来登、华尔道夫、王府半岛、颐和安缦等14家顶级五星级酒店全部中招。一时间，舆论哗然。

有网友评论："最好的中国酒店，卫生与道德水平比不上日本的一个小旅馆""以后还是自带睡袋吧""一块抹布毁掉了中国五星级酒店的形象"。《人民日报》更是指出："五星级变成了无星级"。

花总录制的视频向社会公众展示了这些五星级酒店的不堪，按理说这些酒店都应闻过即改才是，但有爆料称：有酒店曝光了花总个人信息，并互相提醒，如果看到此人预订要互相通知。

无论是卫生问题，还是解决问题的方式，五星级酒店为何会沦陷至此，甚至是行业性沦陷？笔者认为，这和“底线”有关。

三层底线的分析与逻辑

关于底线，应该有三层：

第一层，社会底线。

一个社会对一件事情的最终包容度，就是社会底线。如俄罗斯卫生部和俄罗斯联邦消费者权益以及公民平安保护监督局经常会进到酒店抽查，一旦抽查结果不合格，最低罚款 8 万卢布（约合 9000 元人民币），或者没收半年的酒店盈利，甚至限制责任人三年的人身自由。如果因为酒店卫生问题导致死亡事件，责任人将被判处强制劳动 180240 个小时。

这种严厉惩处的背后，体现的就是社会底线，由此而来的不仅是相关机构的强力监督，更重要的是传递了一种信号：要合法经营，不要胡作非为，否则后果极其严重。在这种环境下经营的企业，必然小心翼翼，不至于胡来。

第二层，企业底线。

企业底线传递的是企业价值观，明确界定什么事绝对不可以做。这在企业通常会以机制做保障。

日本各家酒店都有严格的职业能力和作业标准细则。例如，明确规定工作时使用的手推车上哪个位置摆放什么物品及如何摆放；干净的床单在运送过程中必须全程处于封闭包装状态；对从业人员的着装、头发、指甲也有规定。

当然，机制归机制，如果一家酒店没有坚守基本的底线，机制再细最终也是流于形式。

第三层，个人底线。

一个人在职场中的底线意识：对不起良心的事，绝对不能碰。这也是最起码的职业操守。有这种意识并能自觉遵守的人，在职场中的发展一般不会太差。

由这三层底线架构起来的就是价值观，而这价值观能否筑牢，有其必然的底层逻辑，我们需要厘清。

五星级酒店卫生事件曝光后，有人指责监管部门不作为。可是客观地说，监管部门也不是吃素的，也在监管。当然更多的是指责酒店的乱来。可是，能评上五星级酒店的，哪家会不清楚乱来的后果？这些五星级酒店的机制及管理水平是相当高的，具体到卫生标准，那也是细如牛毛的。既然监管也有，机制也有，管理也有，那为何还会有这样的卫生乱象？恐怕，根源还在于人。

如果一个人压根就没有底线意识，再多的机制和监管在这个人的面前都可能不堪一击，所谓“上有政策，下有对策”。如果一个人有底线意识，凭着良心做事，哪怕没有制度的约束和管理的监督，恐怕也不会胡来。那些用擦马桶的毛巾去清洁水杯的服务员，难道他们所处的五星级酒店没有主管部门的监督？没有卫生标准和操作细则？他们没有在岗培训？

首先人要对，人对了，再加上酒店的机制和管理以及社会相关机构的监督，才会产生最佳的执行效果。这样的底层逻辑架构，才是看问题并解决问题的根本。如果相反去看，先指责监管，再指责酒店，对人的底线失守却只字不提，那么我们的指责可能不会带来好结果。等待我们的，就是问题的重复发生。

何为对的人？

酒店卫生事件也给所有企业提了一个醒：如何找到对的人？

笔者提出了“三合理论”，即人与组织的合、人与岗位的合、人与人的合，其中，人与组织的合，核心就是价值观的合。如果一个人的价值观都是错的，其他方面再优秀，也不是对的人。

现实中，大多数企业选人主要看经验、学历、能力、过往的业绩，这些当然要看，但不全面。因为这些仅是考察这个人胜不胜任岗位的工作，而如果一个人虽然可以胜任岗位的工作，但不愿意干，或带着负面情绪去干，那么哪怕能力再强，照样不会有好结果。如五星级酒店那些违规的服务员，如果他们愿意去干，谁会干出用擦马桶的毛巾去清洁水杯这等龌龊之事？说白了，是负面情绪或者不愿意干导致的，也就是价值观出了问题，而不是不会干的问题。

因此，看一个人对不对，首先要考察的是价值观，越是企业重要岗位的人员，在这点上越发不得有半点含糊。人若是好人，哪怕能力低些，也问题不大，因为可以培养他；人若不是好人，能力越高，问题越大，因为破坏力越大。

五星级酒店的这次卫生事件不是孤立事件，很多行业的乱象以及一而再、再而三的问题反复，背后都是因为人的底线失守。

只有守住了人的底线，才能守住我们的价值家园！

第五辑

人才激励之道

管理之道

人若用不好，任何事情都不可能办好，而用人的问题归根结底在于分配。

建立赋能于人的薪资分配制度

现在有一股思潮认为苛刻的绩效考核实际上阻碍了员工提高绩效，因而要取消绩效考核。如果单纯地以评分为主，分一评完就万事大吉，那么这样的考核确实应该取消。

2010 年，作为全球 500 强之一的汽车供应商李尔公司对分布在 36 个国家的 115000 名员工进行了年度考核，并利用这些考核结果决定员工的奖金、加薪。但公司认为，在整个考核过程中，包括以往的考核也是如此，大家只把注意力集中在评分和加薪上，诚恳的绩效反馈荡然无存，因此丝毫未能驱动企业产生高绩效。

因此，对于大部分企业来说，首先需要对绩效考核本身进行一次绩效考核，通过评审考核系统，把有用的部分保留下来，把阻碍绩效提升的理念和做法扫地出门。

什么是正确的绩效管理思维和做法，这要追溯到绩效管理的目的和本源。绩效管理是为了全力驱动企业绩效的达成，如果说这是“果”，那么“因”就是拥有高素质的团队，而高素质的团队一定是由高素质的个人组成的。如此，绩效管理在运作上也得立足于人的成长进步。

绩效管理如何保证人的成长进步呢？

第一，一定要建立绩效反馈机制。

李尔公司的人力资源总监迪尔南托在《哈佛商业评论》中发表文章说："当经理发现驱动高绩效的方法就是诚恳的反馈时，那些员工和经理就能够真正地在倾听反馈了。"的确如此，一旦绩效反馈成为管理的常态，管理者愿意为之倾注热情，并使之成为一项管理的基本职责时，无论是反馈者还是接受反馈者，都能在这个过程中有效地提升自己的素质。

第二，要有赋能于人的薪资分配制度。

我们大部分企业的薪资结构通常是"固定工资 + 绩效工资（提成）+ 年终奖金"，而绩效工资部分又往往是和绩效考核的结果挂钩的。这样的薪资制度只会把人的注意力引导到只关心考核分数，甚至产生"考核就是为了扣工资"这种怨气，不能达到赋能于人的目的，进而影响到高绩效的达成。

如何化解这种尴尬？笔者认为，首先要打破传统的薪资结构，让它变成"标准工资 + 月度即时经营分红 + 年终分红"。

标准工资不与绩效结果挂钩，只与人的任职条件挂钩。一旦任职条件与岗位相匹配，就可享受岗位的标准工资。通过这样的设计，可以将人的注意力引导到如何提升自身能力上来。

月度即时经营分红和年终分红与企业的经营绩效挂钩，企业经营绩效越好，员工的月度和年度奖金就越高。这部分的设计要让大家意识到，做好绩效反馈将有助于更好地提升企业经营绩效，从而把大家的热情引导到绩效反馈而不是单纯的考核评分上来。

当前取消绩效考核的思潮并不是说要放弃绩效评分，分还是要评的，甚至是重要的，只是评分的目的要彻底改变，评分不是为了分配，而是为了发现绩效差异，进而分析差异，强化优势，补强短板，解决问题。这样一来，绩效考核就促进了人的成长进步，进而驱动企业经营绩效的更好实现。

年终考核将被人才盘点取代

年终考核是过去时，是对员工以往的工作做一个评价和总结，代表的是员工过去的得与失。

人才盘点是未来时，通过盘点可以发现高潜力人才，从而加以培养，实施人才发展规划，驱动未来目标的实现。

传统人力资源管理更多的是立足于机制建设，通过组织设计、绩效管理、薪酬体系等的设计和运作，激励人为组织目标而努力。传统人力资源管理以“组织”为中心，以企业绩效实现为最终目标，归根结底还是“物本管理”。

在数字化时代，传统人力资源管理必然迭代到人才管理，从“物本管理”真正转变为“人本管理”，从驱动企业绩效转变为驱动人的发展。具体要做好人才标准的建立、人才测评、人才盘点、人才发展四大环节的工作，以人的发展驱动组织的发展。

人才标准的建立要解决两个根本问题：一个是“愿不愿”的问题，至少有三个因素在影响着人的工作积极性：①个人价值观；②职业兴趣；③与直接上司的关系。另一个是“能不能”的问题，有两个要素决定了这个人在岗位上到底能不能：①专业知识；②应用知识的技能。例如，一个人有 MBA 知识，并不意味着就可以成为优秀的职业经理人，还要具备领导管理力这类应用知识的技能。人才标准必须从“愿不愿”和“能不能”两大维度、五个方面去构建，才能全面、客观、专业而准确地反映一个岗位的人才要求。

一旦人才标准建立起来，人才测评的技术也要随之跟进。若只有标准，但无法以这个标准去衡量具体的人，标准就是没有价值的。在评价一个人是否符合标准时，仅靠人的经验判断显然是有局限的，要借助像“合不合云端人才评鉴系统”等专业的在线测评工具，来提升对人的判断的准确性。

人才盘点通常在年底进行，除了对人与岗位适配性方面的盘点外，还要看这个人的绩效表现，据此区分出企业的九类员工：

（1）超级明星。这部分员工是绩效表现最优秀的员工，完全符合甚至超出人才标准的要求。针对这部分员工，企业要赋予更大的责任，让其享受最好的待遇，也要制定个性化的保留策略。

（2）绩效明星。这部分员工的业绩表现无可挑剔，但在人才标准的符合度上，与超级明星相比尚有差距。对这部分员工可以给予高待遇，但还要有详细的成长规划，让其能力得到大幅提升。

（3）能力之星。这部分员工完全符合甚至超出人才标准的要求，但在业绩表现上，与超级明星和绩效明星相比尚有差距。对这部分员工可以给予合理激励，但同时要强化对他们的业绩分析，进行绩效辅导，以提升其业绩表现。

（4）熟练员工。这部分员工的业绩表现已无可挑剔，但在人才标准的匹配度上尚有差距。对这部分员工要严格要求其提升能力，但在待遇上可以让其享受高标准。

（5）中间力量。这部分员工在业绩表现和人才标准的匹配上都属于中等水平。对这部分员工应给予适当的激励，但在业绩和能力提升上要严格要求。

（6）待发展者。这部分员工在人才标准的达标方面无可挑剔，但业绩表现较差。对这部分员工一定要严格要求其改善和提高业绩，必要时可考虑转岗。

（7）基本胜任员工。这部分员工业绩表现居中，人才标准达不到要求。对这部分员工，要确保其业绩的稳定，并设法不断提升其与人才标准的匹配度。

（8）差距员工。这部分员工业绩表现较差，人才标准居中。对这部分员工，不考虑奖金发放，并严格要求其改善业绩。

（9）问题员工。这部分员工在业绩表现和人才标准的匹配上都处于较差水平。对这部分员工，一旦有合适的替代者，要坚决予以辞退。

通过人才盘点，企业和管理者能给所有员工都贴上“标签”，进行所谓的“标签管理”。这样在人员的选、育、用、留上就不再盲目，从而进入精准鉴定、精准使用、精准发展、精准淘汰的良性循环，企业也会因为人才的生生不息而长盛不衰。在这里，笔者还要补充一个观点，即对人员的精准识别、适才适用是管理者应该具备的基本功。如果连这项本领都没有，肯定不可能成为一个称职的管理者。

可以预见，人才盘点必定会逐步取代年底的考核评估，从单纯评估业绩的优异转变为全面关注人，并赋能于人，而这才是企业发展的关键，也是商业的本质。

老板，年终奖千万不能乱发！

某环保设备公司的沈总曾再三邀请笔者一起吃晚饭，盛情难却，笔者就去了。见面之后，才知沈总的这顿饭吃起来并不轻松。他把人力资源经理也一起叫了来，让笔者面授年终奖应如何发放。

笔者问沈总为何特别操心年终奖的事，沈总便对笔者讲起了这几年发年终奖的一些事情和经过：

2012 年，企业发年终奖，觉得简单处理就好，也没想太多，每人按“双薪”给发，即加发一个月工资。结果，惹来一堆老员工的怨气：“我来公司这么久了，才加发一个月，×××，×××，才来半年，也发一个月，胡闹！”也惹来业务精英们的牢骚：“我们干得这么好，和那些没有业绩的人居然是一样的‘双薪’，太不公平了吧？”年终奖“双薪”制，企业是简单了，但员工却复杂了。事后的安抚，让沈总操碎了心。

2013 年，沈总吸取了教训，不敢再发“双薪”了，而是要“论功行赏”，便推行了年度业绩考核。但是，考来考去却考出了一个“平均分”，“你好我好大家都好，考了等于没考”，最终又落了个平均分配的结果。大家同样怨声载道，企业出力不讨好。

2014年，沈总干脆什么都不折腾了，想出一个自认为很省心也很安全的做法：私下发红包，保密！结果，私底下大家反而更是疯狂打听，议论之声骤起。传来传去，传出很多不实版本。密似乎是保了，但谣言满天飞，导致几个骨干心里愤愤不平，一怒之下辞职了。

2015年，因受整体经济低迷影响，企业几乎无多余的钱发年终奖了，沈总和几个董事商量，今年就不发了。但是，员工见临近放假了，还无发奖金的意思，便纷纷打听为何不发，有些骨干甚至扬言：若无年终奖，便要辞职走人。沈总见情形不对，和几个董事紧急磋商："多少还是意思一下吧？"董事们也只能应承了。

2016年，企业都在纷传平台与共享，期股期权的激励好像又热闹起来。年终了，除了年终奖外，到底要不要考虑给优秀员工配送股权之类的，谁也拿捏不准……

听完沈总的话，笔者给出了如何发放年终奖的建议，具体如下：

第一，年终奖发放要理智。

首先，要考虑企业的经营利润和薪酬的市场平均水平。若企业没有利润，可以少发或者不发，只要沟通到位，大部分员工都会理解。在这里要特别注意的是，利润爆炸式增长的企业千万别头脑发热，丧失了理智狂发年终奖。这样的话，今年是痛快了，但明年、后年呢？即便是利润呈爆炸式增长，也要冷静思考，今年要怎么发才能平安过渡到明年甚至后年。若今年利润高了，大家平均拿10万元年终奖，皆大欢喜；若明年利润趋于正常，大家人均只拿1万元，会给众多员工造成一种什么样的心里失落？所以，即便利润特别多，也要分析市场上薪酬的平均水平。在有能力、有意愿的情况下，略高于市场平均水平即可，没有必要遥遥领先于市场。大起大落发奖金的形式，只会坏了员工的心态，对激励并不会带来积极效果。

其次，一定要有发奖金的机制做支撑。企业无论大小，发奖金要尽量避免人为拍脑袋决策，要有相关的制度明确怎么发、发给谁、发多少的问题。如果拍脑袋决策，则拿少的人必定不买账，拿多的人未必心里就爽。若发了奖金没有起到激励的作用，企业是不是挺冤？

第二，年终奖发放要分清对象。

企业年终发奖金发的不仅仅是钱，而且也在传递企业的价值观。若人人皆有，甚至平均分配，就说明企业的价值观存在问题。

企业发奖金的对象不外乎这么几种：人好业绩也好；人不好但业绩好；人好但业绩不好；人不好业绩也不好。人好业绩也好的，要大胆地给，甚至超出对方的期望；人不好但业绩好的，要慎重地给；人好但业绩不好的，是潜力股，要鼓励地给；人不好业绩也不好的，坚决不要给。

第三，年终奖发放要及时。

年终奖是对员工一年辛苦付出的肯定和回报，所以，如果企业要发年终奖，一定要在当年保证发放到位。有些企业从留才角度考虑，推出跨年分期发放的形式，如年前拿一半，年后拿一半。对于这种做法，笔者认为欠妥：①员工的心理感受不好；②年终奖本来就是对当年度员工付出的回报，理应在当年兑现（若企业出现了现金流问题，则另当别论）；③以此来留才不太厚道，也是企业不自信的表现，反而留不住人才；④即便员工离职而去，该给人家的，企业也不能失信，应照样给人家，以树立良好的雇主品牌形象。

总之，年终奖的发放与其说是一种管理形式，倒不如说是一种管理艺术。发得好，拿捏得当，奖金就能凝聚人心，反之则摧毁人心。所以，对待年终奖，大小企业一定要慎重，不可胡来，不能乱发！

会分钱才能得人心

管理者要学会分钱

在一些机关事业单位，有些人不作为、乱作为；在一些垄断型国有企业，有些人无所事事、推诿扯皮；而在一些民营企业，尤其是一部分互联网企业，完成融资之后，一些人拿着虚高的工资，浪费着社会和企业资源，瞎整一些不靠谱的东西还自鸣得意。这种种乱象背后是价值观的混乱，是人心的涣散，是职业化团队的整体沦陷。

无论是成熟企业还是创业企业，要走向可持续发展之路，背后一定要有一支坚强的职业化团队。如何增强职业化团队的凝聚力，重要举措之一在于分配。例如，华为成功的一个关键因素在于内部管理的强大，而强大的内部管理在于背后有一批强大的管理干部。任正非对其管理干部的要求中有一条是“必须懂得分钱”，他的逻辑其实很简单：“钱分好了，才能得人心；得人心者，才能聚团队；有了团队，管理干部才能有作为；管理干部有作为了，企业才能有作为！”

分配如此重要，重要到了能决定一家企业的发展命运，但如此重要的一环，很多企业并没有做好，存在种种弊端。

薪酬设计的弊端

企业薪酬设计的弊端集中体现在以下三个方面：

1. 重人治而轻规矩

太多的企业习惯于拍脑袋定工资，人招聘进来定多少工资以及员工涨多少工资，完全凭着人的主观臆断，随意随性，没有规则。长此以往，势必影响薪资体系的专业性、客观性、公平性以及激励性，导致企业花了工资成本也不能够激励大家更好地去工作。

2. 重任职而轻绩效

定工资的规则在于两个方面：一要搞清楚岗位值多少钱；二要搞清楚岗位上的任职者值多少钱，两者不能混为一谈。如岗位值 3000 元，这要通过岗位评估的方式，综合岗位需承担的责任、对任职者的要求、劳动风险与环境等诸要素予以科学认定。但岗位值 3000 元，并不意味着岗位的任职者也值 3000 元。若岗位的任职者在 3000 元的岗位上要拿到 3000 元，必须具备两个条件：一是任职条件和岗位相匹配；二是岗位任职者所创造的业绩结果达到了岗位的业绩要求。但在现实中，很多企业在每月发工资的时候往往没有去评估人的这两个条件，即使是达不到岗位要求的人，也享受到了岗位的标准工资，干多干少一个样，这自然失去了薪酬分配的公平性。因此，企业薪酬体系要科学，一定要辅以人岗匹配度测评和业绩评估。

3. 重单点而轻宽带

单点在于岗位单点和系列单点。岗位单点是指一个岗位只对应一份工资，如保安岗，对应工资 2000 元。若保安岗有五位保安，通常五位保安会存在工龄、学历等方面的差异，工资套级保安岗时，一般不可能定相同的 2000 元。假如保安岗只单点对应一个 2000 元的标准时，具体对这五位保安进行工资定级时，显然无法合理操作。正确的做法是要设定岗位宽带，即要围绕2000元这个标准宽带点，有低于和高于这个标准节点的空间，并设定相应的套级标准，这样就可因人而异定出合理的工资了。

系列单点是指只有对岗位工资的界定而没有明确岗位晋升的空间。同样以保安岗为例，当一名保安招聘进来，他也许清楚保安岗当前的工资定级，但他不会清楚如果保安干好了，级别和工资会有怎样的提升空间。专业的薪酬设计应该是：假如是技术员，其上有助理工程师，再上有工程师，直至高级工程师、总工程师。从技术员到总工程师，这就是发展路径。一旦发展路径明确，就会促进岗位当前的任职员工很努力地干好本职工作，因为能看到未来的薪资晋级方向，且每晋级一层，都有相对规范的游戏规则。若干不好当前的工作，就不能往上晋级了。

薪酬设计的“123法则”

科学定薪要遵循相应的法则，其中最重要的当属“123法则”。

“1”指一个核心：薪酬体系的设计必须以驱动企业发展为核心。企业的发展离不开强大的团队，强大的团队在于管理者的有效作为，管理者要能有效作为，身上一定要具备领导力，领导力的核心在于能充分调动团队成员工作的积极性，而调动积极性的根本在于分配的公平与合理性。所以，薪酬体系的设计要从这个理念高度去着手，那些不能驱动企业发展的制度设计都是无效的。

“2”指两个指向：薪酬体系设计的第一个指向是要能促进职责的履行和目标的达成。企业的发展依赖于每一个岗位的员工能做事，并将事情做正确。只有员工的工作到位了，才有部门工作的到位，也才有企业工作的到位，进而实现企业的远景目标。所以，薪酬设计一定首先要能激励每一个岗位的员工愿做事、能做事、做成事。薪酬体系设计的第二个指向是要能促进员工的能力增长。要让员工更好地承担责任，首先在于员工的能力可以匹配岗位的要求。所以，薪酬体系的设计要能激励员工主动提升自己的能力。

“3”指三个策略：第一个策略是“利他”。传统薪酬设计往往从企业发展的角度去考虑而忽略了驱动企业发展的人的因素。这很容易在企业形成一种劳资对立的博弈局面：“企业实现了利润，跟我有什么关系？”所以，现实中容易出现推诿扯皮、不负责任等不作为现象。若在薪酬设计时融入为员工“创富”的理念，使个人获得和利润增长同步的薪酬增长，则将大大提升员工为自己干的积极性。第二个策略是“平衡”。首先应体现内在和外在的平衡。内在体现为员工核心竞争力的增长；外在体现为在企业可承受范围之内收入的合理增长。其次应体现企业和员工劳资双方的平衡，既要满足企业对劳动力成本合理承担的要求，也要兼顾员工对收入增长的诉求。只有两者之间取得了平衡，才能有劳资关系的和谐发展。第三个策略是“系统”。一套薪酬体系要起作用，与岗位管理体系和绩效评估体系是否完善紧密相关。很简单，若岗位职责不清晰，或对岗位任职者工作的好坏没有进行客观的评估，是不可能科学地发好每月工资的。只有“岗、效、薪”系统设计，才能提升薪酬体系的专业性和有效性。

薪酬设计的价值取向

在当前数字化时代背景下，薪酬体系的设计应顺应“企业平台化，员工创客化，用户中心化”的“三化”发展趋势。

企业平台化。传统企业等级森严，从总经理到部门经理，再到主管和员工，这种科层制的设计极大地影响了企业的执行。部门经理在等总经理交办任务，主管和员工在等部门经理交办任务，一级对一级向上诉求：“我要干什么？”一级对一级向上踢球：“你说怎么办？”企业变成了少数几个人的舞台，80% 的责任落在了 20% 的人身上，大部分的人能推则推，能躲则躲，安逸享受。这样的企业，安能有发展前途？所以，万科要从职业经理人制转型到事业合伙人制；海尔要将企业变小；日本的稻盛和夫在极力推动阿米巴经营模式。这些企业和企业家的行为都在朝一个方向努力：将企业变成一个舞台，让人人都能像经营者一样去思考、去拼命，让有能力的人在这个舞台上与企业共舞。这必定是企业做强做大的一个发展趋势，由此，如何让企业的薪酬体系去支撑企业的平台化运作，将是薪酬设计要思考并且要突破的一个重要方面。

员工创客化。企业的员工通常有三种类型：一是折扣型员工，这类型员工没办法 100% 地完成工作任务，交办 10 件，也许只能干好 5 件、6 件；二是执行型员工，这类型员工对交办的事情能 100% 完成，但仅此而已；三是创客型员工 ，这类型员工对分内的事情 100% 执行到位，并且乐于主动承担职责之外的工作，创新性地去挑战新任务、新目标。无疑，在当前的企业，只有少量的员工是创客型员工，大部分都是执行型员工和折扣型员工。当企业里大部分的员工成为创客型员工的时候，企业才能行驶在发展的快车道上。所以，薪酬体系能否引导员工去主动承担职责外的工作，并能挑战传统，予以创新，是薪酬设计的另一个突破点。

用户中心化。没有用户，企业便没有了安身立命的土壤，而抓住用户，根本在于产品和服务。无论任何时代，这种商业的本质是不会也不可能改变的。要让企业的产品经理及其他一切相关人员愿意在乎用户、研究用户、融入用户，光靠讲情怀、讲理想等高大上的东西，而忽略了物质利益的驱动，是根本不可能的。所以，薪酬体系的设计要引导大家以用户为中心，这将成为薪酬设计的重中之重。

如何做好薪酬体系的设计？

薪酬体系设计要能成功，必须明确并做好下述几点：

一是要有顶层设计与顶层推动。中国的事情从来都是如此，没有一把手的首肯，大部分事情是不可能做成的，薪酬体系设计也必然要得到一把手的高度重视和亲自推动才可能成功。当前企业内部运营最大的问题其实是用人的问题，人若用不好，任何事情都不可能办好，而用人的问题归根结底在于分配。华为的员工为何愿意加班加点睡地铺？在于华为以奋斗者为本，决不让雷锋吃亏的分配理念；国有垄断型企业为何有些人不愿意作为，不想主动担当？在于干多干少干好干坏一个样！没有解决分配的问题，一定解决不了用人的问题，没有解决用人的问题，任何组织的发展都只能成为空中楼阁。只有企业一把手意识到分配问题，才能从根本上去推动与解决用人和发展的问题。

二是要有利他思想。不能光是老板富而员工穷，如果一套薪酬体系只是鼓励大家为企业的利润而奋斗，怎么可能让员工和企业同心同德？薪酬体系一定也是“创富”机制，只有让那些愿意干事、能干成事的人同步享受到企业发展带来的红利，让大家都觉得这是为自己干，才能深层次调动大家的干劲。谈雷锋、谈焦裕禄是需要的，但前提是要解决好真金白银的事情。

三是要定期对薪酬体系进行审查。要通过审查发现不利点、问题点，并提出整改措施，限时整改。只有与时俱进，才能科学发展。

四是要改变管理思维，提升管理者技能。当前大部分单位在薪酬体系中都有绩效工资，但很多单位的绩效工资都变成了固定工资，为什么？管理者不愿意客观考核。不改变管理思维，再好的制度都会变成一纸空文。

五是在必要时要借助专业咨询公司的力量。薪酬设计是技术含量比较高的一项专业工作，很多单位仅靠一己之力很难成功。所以，在必要的时候，最好能借助专业公司的力量来攻克难关。

总之，要解决企业发展的问题，团队的问题是核心，没有团队，企业是不可能发展的。而塑造和凝聚团队，首先一定要解决分配的问题。另外，薪酬体系的设计必须上升到公司战略层面去考量。

利不可独，方太的全员身股制

方太的掌门人茅忠群在企业运营中一直推崇两个基本点：以用户为中心，以员工为根本。前者是要打造无与伦比的客户体验，后者则是成就员工的幸福。可以说，员工是因，用户是果，唯有幸福感强、满意度高的员工，才能为客户带来好的产品和服务。

为了成就员工的幸福，方太在大多数企业做不到的情况下，率先进行了非上市公司企业股权激励的尝试。

方太的全员身股制

身股，又称顶身股。这个概念源于晋商，是指给不出资的优秀员工一定的身股，让其参与经营、管理与分红。

茅忠群说，有一天他看电视剧《乔家大院》，剧中提到了身股制，受到启发，随后专门找资料进行研究，后来便开始在公司试着推行。

方太全员身股制规定，只要员工任职满两年，都可获得一份公司股权。享有身股的员工不需要投资入股，但可以依据自己持有身股的多少每年两次参与分红。员工持有身股的多少根据员工所处的岗位和贡献大小来确定，并且规定只有人在公司才可以参与分红，人离开之后股权就自动作废。

方太还规定，集团副总裁级别岗位身股实行独立计算。各地分、子公司的身股分红与集团总部脱钩，在缴纳 50% 左右的利润给集团公司后，剩余的 50% 都将折算到身股单价中奖励给持股员工，尤其是向分公司经理倾斜。

方太的身股制在全体员工中产生了巨大影响，因为他们觉得分到钱后，不管多少，感觉会变得不一样。以前只觉得自己和工作有关系，现在感觉自己和整个公司都有关系了。这样一来，员工对工作的投入和对企业的归属感自然大大增强。

人心趋利，这是人性使然。方太的身股制将企业利益与大家共享，也就吸纳了更多的优秀人才追随方太，从而使方太成为高端厨电领导企业。

利不可独，独利则败

曾国藩早期抵御太平军时，认为凭理想、凭道义去感召众人即可。但是他慢慢发现，最初投奔他的人都去了胡林翼那里，便问幕僚赵烈文：“众皆出我下，奈何尽归胡公？”

赵烈文回答：“人皆有私，不能官，不得财，不走何待？”这句话的意思是：人都有私心，在你那里得不到官，也发不了财，不走还等什么？

曾国藩又问：“当如何？”（那该怎么办？）赵烈文回答：“集众人之私者，可成一人之公！”（利用众人的私心来做事，可以成就一个人的公义！）

曾国藩闻言醒悟，从此以后对有功的部下大力奖赏，并经常保荐幕僚当官。同时，他还建立了有效的激励机制，根据人的不同需求，采取“武人给钱，文人给名”的措施，激发了众人的积极性，结果军心统一，最后平定了太平军。

“人以利动”，这是基本的人性事实。可以和员工谈使命、愿景、价值观，也可以和员工畅谈情怀，但是不要忘记，对大部分人而言，做事情不是单纯地追求理想，还要解决柴米油盐的问题。情怀理想可以号召少数人，但不一定能让一帮人愿意长期追随。

综上所述，只有最终真正做好了利益分配的组织，才能集众人之力成就大业。

Glassdoor：全球半数以上员工认为必须通过跳槽来获得加薪

在线职业社区网站 Glassdoor 的全球薪酬透明度调查报告显示，全球 57% 的员工认为由于缺乏对薪酬透明度的了解，必须通过跳槽来获得有意义的加薪。调查还显示，全球近一半的员工（47%）认为他们的雇主不会共享内部薪酬数据。同时，69% 的员工希望能更好地了解在本地市场内基于其职位和技能的公平待遇是怎样的。

薪酬仍是企业留才的重要手段

如何减少人员跳槽的比例，特别是关键骨干的跳槽比例，一直是企业人力资源管理的基本命题。而要降低人员跳槽的比例，薪酬仍将起到关键作用。

那么，怎么让薪酬更好地起到留才的作用呢？

首先，要能确保薪酬走向透明化。Glassdoor 的调查表明，很多员工会因薪酬不透明而选择跳槽。当前很多企业，特别是民营企业，对员工薪酬是保密的。在企业特定的发展时期，因为各种原因，可以暂时不公开薪酬，但若一直如此，就有可能影响到军心稳定。

其次，要能确保薪资发放的公平。没有哪家企业能做到绝对公平，但相对公平还是要尽量达成。这里所述的公平，主要针对企业内部的两个方向：一是岗位和岗位之间的公平。要能确保责任大、压力大、风险大、环境恶劣的岗位的薪酬标准比责任小、压力小、风险小、环境舒适的岗位的薪酬标准更高。确定每个岗位到底值多少钱，一般采取岗位评估的办法。二是人和人之间比较的公平。要能确保干得多、干得好的人比干得少、干得差的人多拿，这就要求企业的绩效考评机制要能得到有效的设计和推进。

岗位评估和绩效考核是确保薪酬公平的两个最基本的方面，但当前相当一部分企业却凭主观判断去确定岗位薪酬，绩效考核也是考了等于没考，平均分居多。如果岗位评估和绩效考核这两者在企业没有做好，就无法确保薪酬的公平性，进而失去人心，所以应引起企业的重视。

害怕人才跳槽的企业不是好企业

无疑，人才对企业发展具有很大的驱动力，所以必须考虑如何更好地留才。但若企业害怕人才流失，而迁就甚至纵容一些所谓核心骨干，那么这样的留才对企业的未来发展其实是无益的。

企业害怕人才跳槽，至少说明企业在三个方面是欠作为的：一是缺乏程序化、标准化的岗位规范，干工作完全凭人的能力而非程序和标准。能人在岗，工作好说；庸人在岗，工作便一塌糊涂。如此，当然会让企业越来越依赖于一些人，最终陷入被“人”牵着“组织”走，而不是“组织”引领“人”发展的被动局面。二是缺乏人才规划。很多企业平时没有基于长远的人才规划做好人才储备，人要走了才去招人。好的人才从来不是急急忙忙就可以找到的，若短时间找不到合适的人去顶替离职者，企业便会想尽一切办法去留住当前岗位的人。三是能力管理没有做到位。例如，A 在岗时，能顶替 A 的 B 人选在哪里？如何让 B 人选的能力长进，以随时保证顶替 A 呢？这些问题若无解，就说明企业对能力管理的设计是有缺陷的。

岗位规范、人才规划与能力管理在企业的留才方面会起到至关重要的作用，事实上，这三者也是企业人力资源管理最基础的工作。只有夯实这些工作的基础，企业的人力资源管理才能发挥出价值。

安踏的“匹配”和恒安的“不差人”

笔者曾去晋江拜访某大型民营出口企业的董事长，其间谈起晋江企业家经常聚在一起交流，互相取经。笔者认为这一点非常值得称道。该董事长说，这几年下来，他对安踏丁世忠介绍的“匹配”和恒安许连捷介绍的“不差人”最有感触，收获也最大。因为时间的缘故，我们没有就此话题做进一步的展开，但该董事长顺口所说的这两家企业掌门人的经验，让笔者一直琢磨了很久，因为“匹配”和“不差人”均会对企业的发展产生重大影响。

安踏的“匹配”

做任何事情都要“刚刚好”，差了把握不住机会，过了便会过犹不及，而这“刚刚好”就是“匹配”。在企业中，匹配有两个层面：一是事的匹配；二是人的匹配。

事的匹配就是要把握企业的发展阶段与管理机制的匹配。若企业的发展阶段与管理机制是不相匹配的，则企业前行的路上必定障碍重重，甚至会使企业中途出局。

大家都知道，企业的发展有四个大的阶段：一是进入期；二是成长期；三是成熟期；四是衰退期。

进入期匹配的管理机制要突出一个“拼”字。若没有埋头苦干的拼劲儿，很多创业企业终究不过昙花一现。所以，这个阶段所有的管理机制都要能调动人的拼劲儿，否则，便要审查机制的不足，加以改进。

成长期匹配的管理机制要突出一个“凝”字。企业在业务高速扩张时期，最渴求的一定是各路人才。所以，此时的管理机制一定要能做到吸引人才、留住人才，确保想要的人进得来，进来的人用得好，用得好的人留得住。

成熟期匹配的管理机制要突出一个“创”字。这个阶段的企业特别怕陷入旧有的思维和习惯，故步自封，裹足不前。所以，这个阶段的管理机制要能激发大家的创新思维和行动。

衰退期匹配的管理机制要突出一个“转”字。这个阶段的企业要避免盲目无知和手足无措，要能敏锐地创造机会和实现转型，再现企业活力。所以，这个阶段的管理机制要能引导大家积极思变并做出转型的行动。

人的匹配有两层含义：一是团队与组织的匹配；二是人与岗位的匹配。

团队与组织的匹配也与企业的发展阶段有关。在进入期的企业要匹配艰苦奋斗、埋头苦干、无私奉献、不计报酬的团队；在成长期的企业要匹配团结协作、思利及人、奋发有为、积极向上的团队；在成熟期的企业要匹配打破常规、勇于创新、开拓奋进、高度职业的团队；在衰退期的企业要匹配触角敏锐、敢为人先、不惧风险、大胆作为的团队。

人与岗位的匹配要能够保证岗位的任职者有持续的激情和能力去履好职、担好责。只有人与岗位相匹配，才有培养人的前提和留住人的基础。

综上所述，安踏的“匹配”理念对企业的发展的确至关重要。

恒安的“不差人”

事实上，今天的很多企业，特别是中小微民营企业，都是非常“差人”的。很多老板的痛点之一就是“要的人招不到，招来的人用不好，用得好的人留不住”。因为“差人”，很多企业只能眼睁睁错失企业的发展良机。

因此，企业“不差人”至关重要，如何做到“不差人”，从专业的角度去分析，有以下几点是必须做好的：

第一，要能像塑造著名商标一样去打造好雇主品牌。

如果拥有一个良好的雇主品牌，企业即使缺人，也不用担心没有人来应聘。企业现有的员工也会因为在企业上班有一种自豪感而打消跳槽的想法。

第二，要做好人才规划。

要能分析行业特性及企业过往的大数据，结合用工环境的变化以及企业发展战略，对企业未来几年的用工需求做出规划。如果等到缺人了再着急去招人，往往是很难招到的，特别是核心岗位的骨干员工。

第三，要做好人才储备。

企业的人才储备一般锁定在企业的关键岗位。储备的途径有两条：一是企业内储备，通常安排 A 角、B 角；二是企业外储备，即将人才储备在相关企业或第三方中介机构等，平时做好常规联络与沟通，一旦需要，随时可深入接触，并让人才快速到岗。切忌需要人时，不知道人在哪里。

第四，要做好人才培养。

“不差人”的关键在于做好人的发展性培养。所谓发展性培养，就是在人充分胜任当前岗位的前提下，以高出当前岗位的要求，采取培训、轮岗、师傅带徒弟等灵活多样的方式，使员工掌握和储备超越当前岗位的技能。培养目标完成后，一旦企业需要，员工就可随时到更高的岗位任职。

第五，要用好人才。

很多企业缺人，深层原因是没有用好人。首先，人用不好，效率上不去，本来只要一个人就可完成的事，却要四五个人才能完成，客观上导致了人手不足；其次，因为用不好人，也会加大员工跳槽的概率，特别是那些愿意干、能干的骨干。所以，若要做到“不差人”，企业要加强对管理者的职业化训练。只有管理者成长了，企业的用人水准才会更上一层楼。

总之，无论是安踏的“匹配”理念，还是恒安“不差人”的豪迈，细细琢磨后发现，两者都对企业的发展至关重要。只有学到了、悟到了，并做到了，企业的发展才有坚实的基础。

与其挖墙脚，不如培养人

年底在职场中一般被称为“跳槽季”。这个阶段，很多人通常会有另觅东家的想法。因此，那些缺人的企业在这个阶段往往表现得比较亢奋，跃跃欲试，想尽办法挖墙脚，甚至不惜花重金。笔者经常和各类企业大大小小的老板进行交流，问他们为何热衷于挖墙脚。结果发现，无论他们给出什么答案，有三点是共通的：第一，企业内没有合适人选；第二，挖现成的人来干，省事；第三，这些空降兵能带来新经验。

为什么企业需要用人之时，才会惊觉无人可用？原因无外乎这三点：一是没有人才规划；二是没有系统的培养方略；三是没有赋予关键岗位的人才以供应链意识和行动。老板无论大小，言谈必论战略规划，但是，若没有同步推进人才规划，再好的战略构想也没有人去完成。企业在谋划好 3~5 年甚至更长远的业务发展路径之后，一定要从当下开始就布局人的事情。因为人不可能一夜之间就从基层变为高管，尤其是独当一面的将才。

关于培养方略，一要明确培养对象的问题；二要明确培养方法的问题；三要明确培养责任的问题。一个人要能胜任或超越岗位的要求，将事干漂亮，与三个因素是息息相关的：一是价值观；二是职业兴趣；三是知识技能。价值观和职业兴趣决定了一个人愿不愿意干，而知识技能决定了一个人能不能干。只有愿意干再加上有能力干，才能将事情干成干好，两者缺一不可。

人选对了以后，怎么培养他适应未来的目标岗位，方法很重要。许多企业一谈到培训，首先想到的可能就是课堂式教学、师傅带徒弟或看书自学等，这些方法固然重要，但比这些更重要的是在实际工作中锻炼。请大家一定要记住一个观点：人才是反复折腾出来的。若不在实际工作中去折腾他，他怎么可能成长？所以，要培养好一个人，一方面要让他学习与目标岗位相匹配的系列知识技能，另一方面要创造条件去折腾他。

谁来担负培养人的责任？员工的直接上级很关键，一定要扮演好绩效教练的角色，指导和帮助培养对象成长。当然员工自身的努力也是至关重要的。

当企业需要用人而没有人可用的时候，就说明企业人才供应链意识和行动薄弱甚至缺失。企业要能不缺人，特别是关键岗位不缺人，一要能识别关键岗位，二要能提升关键岗位的人的能力，三要能储备关键岗位的接替人选。若关键岗位缺人了，企业能做到在第一时间有人替补，这才说明企业打造好了人才供应链，企业的发展才不会受困于人。

愿意花重金去挖墙脚的企业，往往认为挖现成的人来干省事。其实，省不省事要看企业在这三个方面是否过关：

第一，企业有容人的环境吗？例如，一家医院花百万年薪引进了一位业内顶尖专家，让其在该医院做某室主任，结果该室的老医生没有一个愿意听他的，反而处处排挤他。该专家纵有三头六臂，没有团队协作，终究也干不成事，最后还是无奈辞职。医院花了百万年薪，犹如打了水漂。

第二，企业有用人的机制吗？要用好一个人，光靠老板的魅力是远远不够的，还要有扎实的运营基础、公平的激励机制、专业的管控平台、科学的发展系统等。若这些在企业还没有形成，即便挖来的人是能人，企业也很难用好此人。不能用好的能人，就是高价的庸人。

第三，企业有留人的策略吗？人若只把企业当作一个歇脚的驿站，则此人再能干，终究不能为企业所用，要来充当短暂的过客又有何用？所以，人还没来之前，企业一定要掂量掂量，按现在的条件，能有几成把握让人进来之后有长期打算。若无把握，高价挖人就要三思而行。

驱使企业高薪挖人的一个因素是期望空降兵能带来新经验。但这靠谱吗？一个人之所以会在他人眼中成为能人，无非是他能做出好的业绩，从而有了口碑。一个人最终业绩的产生，固然与自身的能力紧密相关，但也与外力的作用密不可分，如环境、机制和团队。当一个人的能力与所处的环境、机制和团队相匹配的时候，一个人就容易发挥能力做出业绩，否则，事实上这个人的能力是无法发挥的。在一个平台累积的经验，未必到了另一个平台也可以用上。这也可以解释为什么很多跨国公司的高管在跨国公司上班的时候挺有能耐的，但空降到某一个民营企业的时候完全没有办法发挥出能力，进而沦落成一个庸人。

因此，一个空降兵带来好经验是可能的，但企业能否用好这个经验，那就未必了。

从以上分析可知，企业高薪挖人充满着太多不确定风险，成功的概率相对较低。与其高薪挖人，倒不如实实在在花功夫培养人，这才是企业的明智选择，是目光长远的战略考量。

企业自己培养人，企业与培养对象彼此知根知底，一旦培养成功，这个人能快速进入状态，为企业创造新的价值，并且在忠诚度方面也比较靠谱，不会让企业"竹篮打水一场空"。

企业选人不应首先面向外部，而是应考虑内部培养，长此以往，必将打造系统完善的培养机制，建立好人才供应链，实现企业人才的可持续供应。

通过这样的培养机制，一旦员工的职业发展通道被打通，将高度激励底层员工的工作热情，由此，也将深度改变企业的工作氛围。

总之，通过挖墙脚的方式来解决企业对人才尤其是高端人才的燃眉之急，虽然是揽才的一个必要策略，但这种策略更多的是应急式的过渡策略，企业不能将此作为一种长期行为。要从根本上解决人才供应的问题，企业必须建立内部的系统育才机制。

只有善于培养人的企业，才是真正有未来的企业；只有能将三流人才培养成一流人才的企业，才是能实现可持续发展的伟大企业。

如何批量复制中层管理者?

无论是管理学界还是企业界，如今已达成一个基本共识：驱动企业未来发展的，必然是管理和企业文化。而无论是管理还是企业文化，最终要想在企业成功落地，都将取决于中层管理者的综合素质。

然而，当前绝大部分国内企业的中层管理者是一种怎样的状态呢？笔者随便列举几例：

总经理总感觉自己一直拖着中层团队往前走，中层没有决断力，做事情不敢担当责任，什么事情都要自己出马才能摆平。

中层管理者各自为政，以自我为中心，观念很难融合在一起，只有局部利益，没有全局观念。

很多中层管理者都是业务高手，但不熟悉如何管理团队和解决员工的问题，从而制约了企业的进一步成长。

企业核心中层在一些观念上和总经理达不成共识，同时在纪律上又倚老卖老，严重影响企业发展。

诸如此类的问题，笔者还可以列举很多。由此可见，当下很多企业的中层显然已经成为高层的心头之痛：如果要换掉这些跟了好多年的老员工，好像公司很没有人性，何况，新进来的中层未必强过老中层；但如果不换，又不知从何培养。中层工作能力难以提高，又后继乏人，导致很多工作难以正常开展，严重影响了企业发展。

培养中层是企业的重中之重，而且培养一个两个还不能解决问题，企业要有能力批量复制中层，才能最终借助中层之力驱动管理提升，从而实现企业可持续发展。以下是复制中层的六步思路：

第一步，要完善中层管理者各岗位的岗位规范，这部分至少应明确两大核心内容：一是各岗位承担的职责及每项职责的最终工作结果和工作流程；二是该岗位对人的任职要求。

第二步，在企业内部建立储备干部的选拔制度，并按照制度进行批量选拔。

第三步，依据各中层管理岗位的任职要求，采取系列测评方法，对现任中层管理者和储备干部进行综合素质测评，并根据测评结果，对人岗匹配度做出分析。

第四步，根据分析结果，针对现任中层管理者和储备干部与中层管理岗位任职要求的差距，制订有针对性的培训计划，并实施培训。

第五步，通过授权或交办任务等方式，使受训者将培训成果转换成日常工作实践，以巩固培训成果并弥补自己的短板。

第六步，企业应建立相配套的工资晋级制度、储备干部管理办法等措施，形成常态化管理。

一般而言，通过上述六个步骤形成专业的闭环运作后，企业批量复制中层管理者将并非难事，而找到了批量复制中层管理者方法的企业，必然奠定强大的管理基础，从而实现企业的基业长青。

员工是千万富翁，如何管？

员工竟然是千万富翁

有一次，笔者的朋友沈总在饭局上讲了这样一件真人真事：

企业年终总结会后聚餐，觥筹交错之际，沈总问起一位刚来前台不久的女员工工作之外的经历。因为公司上下一致认为此女气质不凡，遂有点好奇。没想到此女说自己从小就练马术，并获得过国家级荣誉。众人听后皆恍然大悟，难怪她会有如此气质。

沈总又问："那你现在在家里还养马吗？"

"养啊，养了两只。"

"一匹马多少钱啊？"

"上千万吧。"

"啊……"

"那你住哪里啊？"

"就在前面一点的四合院。"

这时，众人就不淡定了。前面一点是指北京二环以内，而且是四合院。这是什么概念？上亿的住宅呀。

这么有钱人家的小孩竟然去前台上班，的确令人吃惊。

沈总说，这样的员工还蛮多的。例如，有位员工手中已有好几套可由自己支配的房子，按北京当前的房价折算，此员工已是上亿身家；还有位员工上班时脖子上挂了块蜜蜡，目测至少值上百万，再一打听，果然是出身有钱人家。

“这大北京，经常有这样的奇迹。”沈总说。

其实，不独北京，这几年因为企业上市、房产投资、股票等，员工一夜暴富的例子并不在少数，客观上造成了员工收入比主管高出许多的现象。这就出现了一个问题：对于这些百万、千万身家的员工，到底怎么管？

有钱的员工并不好管

有一次，笔者在武汉辅导某企业建立绩效管理制度，在各个部门讨论部门 KPI（关键绩效指标）的时候，轮到一个不差钱的“90 后”执掌的部门，当时主持会议的翁总明显放缓了语气，有点带哄性质地和这个部门确定了 KPI。事后翁总无奈地说：“我也知道这样不对，但是不能对她强硬呀，不哄着她，人家转身就跑，更麻烦。”

从这位“90 后”身上，笔者联想到一位百万身家的员工向领导请假的事。当员工说要去非洲旅游 20 天时，领导左右为难：批吧，工作明显被耽搁；不批吧，人家可是有暗示的，不批就辞职走人。怎么办呢，批吧。

有钱就是任性，我有钱我怕谁？所以，有钱的员工并不好管。

最好不要聘请有钱的员工

这不是歧视有钱人，笔者一点都不仇富。客观事实是，因为没有后顾之忧，这些身价百万、千万的员工对待工作的态度自然比较率性而为，一言不合或有些许挫折就有可能转身离去，而人员跳槽的显性及隐性成本不用笔者分析，大家都是心知肚明的。

更大的问题在于，因为主管知道这个员工受不了压力，所以平时往往会不自觉地迁就，从而一方面造成了工作数量、质量和效率的下降，另一方面破坏了整体工作氛围，导致“劣币驱逐良币”。

当然，有些家财万贯的员工还是有情怀和理想的，愿意努力把工作做好，但通常的规律是：一般到了一定年龄段的人，经历的人和事比较多，阅历较为丰富的时候，才能摆正钱与情怀、理想的关系；有些人太年轻了，没有那么丰富的阅历，往往会丢了情怀和理想。

因此，如果有选择，尽量不要聘请太有钱的员工。另外，招聘时，背景调查要尽可能做得详细一些。

如何管理有钱的员工?

笔者给出三点小建议：

一要给这些员工提供感兴趣的工作。身家千万的员工不是为钱而上班，而是不想让自己太空虚，当然前提是工作有趣而不辛苦。如果企业无法提供其感兴趣的工作，他们是不太可能长久干下去的。

二要做好接替规划。内部要有培养机制，通过培养来储备人才；外部要能建立虚拟人才库，一旦出现人员跳槽，可以随时有人接替。

三要改变领导方式。要更多地把对方当作合作伙伴而非下属，多给予对方尊重、理解和信任，使其与领导成为“好兄弟”或是“好闺蜜”。

总之，社会的发展和变迁总会带来一些全新的挑战，只有不断从理念和行动上调整、改变与提升自己，才能常走常新，走远路。

用人用不好，管理越多越烦恼

当今各类企业所面临的商业环境，用“竞争激烈”四个字来形容应该最为贴切。形形色色的商战故事每天都在刺激着我们的眼球，有些企业在崛起，有些企业在消亡。

为什么有的企业可以长盛不衰、风光无限、大有成就，而有的企业却碌碌无为，甚至短命夭折？

其实，关键就在于人。人才是一家企业生存发展的命脉，是企业最重要的资源，是市场创新与科学管理的源泉，更是企业在市场竞争中立于不败之地的有力武器。一家能够持续成长、不断壮大的企业，必定是以人才为中心，具有合理的人力资源结构和完善的人才梯队。这些企业往往深谙识人、育人、用人、留人之道，把人才的潜能和效用发挥到淋漓尽致，从而为企业带来巨大的财富。

在经济领域，大家熟悉的是产品的研发、生产与销售，能够看到的是产品的流通。然而，处在经济活动各个环节中的人才是主角。从小的方面来说，人制造了产品，创造了市场，同时也成为产品的销售对象。企业之间的竞争，表面上是产品与产品之间的竞争，实质上是人与人之间的竞争。说得更彻底一点，是企业人为了争夺消费者心理认同的意志较量。从大的方面来说，各种经济政策和法律条款的出台是为了规范市场，但归根结底是规范市场中的人，制定这些政策条款也是人们意志的贯彻。既然人是一切活动的关键，那么在现实生活中，在企业运作中，就不能见物不见人，更应该重视人本身。正如唐朝刘禹锡在《天论》中所说："人之所能者，治万物也"。

现在很多企业在提"以人为本"，人本概念是相对于物本概念而言的，就是把焦点从"物"转移到"人"，从"外部空间"的开拓转向"内部空间"的探索，把人作为主要的对象和真正的核心。

华为的任正非说："华为唯一可以依存的是人，认真负责和管理有效的员工是华为最大的财富，员工在企业成长圈中处于重要的主动位置。对人的能力进行管理的能力才是核心竞争力。"

众多专家认为华为成功的基因在于管理模式、人力资源管理、企业文化和研发与创新四大方面。拥有了这些基因与武器，华为自然能够披荆斩棘，成为中国企业乃至世界企业的佼佼者。

因此，任正非在华为始终坚持"人力资本的增值一定要大于财务资本的增值"。什么是增值？就是让人从不行到行、从行到优秀的转变与发展。要做到这一点，关键就在于如何用人。人用不好，管理越多越烦恼。人用好了，就能显著促进人的增值，从而为企业创造巨大的财富。

那么，管理者如何提升自己的用人水准，带好团队，创造价值呢？笔者认为最重要的一点是明确职责，端正心态。管理者务必要知道，自己最主要的职责在于选对人、用好人和出绩效。完成了多少组织目标，也就是所带领的企业和部门最终出了多少绩效，这是衡量一个管理者够不够格的终极判断标准。而要出绩效，管理者必须要能做到用好人，否则，仅靠自己撸起袖子干是不可能有令人满意的结果的。要把人用好，前提是解决人岗匹配的问题，也就是要选对人。所以，管理者最终要实现组织目标，一定要能做到选对人和用好人。

管理者除了明确职责外，还要端正心态。事实上，几乎没有一家企业能 100% 做到准确识人。人来到岗位的时候，因为这样那样的原因，可能总是出状况。面对这样的情形，很多管理者会习惯于指责和抱怨员工不行。员工不行的确有员工本人的责任，但员工不行，难道就不是一面镜子，照出管理者自身的局限吗？人是需要自我审度的，孔子说："射有似乎君子，失诸正鹄，反求诸其身。"意思是，君子之道就像射箭之道，射不中，不要怪箭靶子，要回过头来从自己身上找原因。唯有先知己，方能后知人，知人后知事，然后理自明。只有不断从自己身上找原因并加以改正，才能不断地促进自身管理水平的提升。

管理者要提升自己的管理水平，除了明确职责、端正心态外，还要掌握用人的九个要领：挖掘愿景、明确职责、人职匹配、设定目标、制定策略、有效授权、利益到位、及时监督、多元激励。

第一个要领：挖掘愿景

对一个人而言，愿景就是他的个人愿望，是他心中最想要的东西的图景；对一家企业而言，愿景就是大家想借助企业平台一起创造的东西，是大家愿意为之付出精力和时间的共同图景。

个人愿景是个人生命的重要指引，企业愿景是企业生命的重要方向。经常有企业老板感叹人才难求，其中一个重要原因就是他们将企业看成是自己的私有财产，认为所有的员工不过是雇佣关系。另外，企业里没有让员工感到振奋的东西，更谈不上共同愿景。在一个企业中，如果员工的个人愿景与企业愿景不一致，员工工作是为某种因素所迫的话（如为了养家糊口），则员工要么消极怠工，要么一旦有更好的去处便立即跳槽。

因此，管理者要去发掘个人愿景并鼓励个人愿景，同时将其与企业愿景相关联，建立起共同愿景。共同愿景会使企业成员产生一体感，每个人都会为企业的愿景感到激动，愿意为这个愿景主动投入，愿意与人分享成功的喜悦。

请管理者一定要记住，所有高效结果的产生，其源头一定是员工的意愿。

第二个要领：明确职责

何为职责明确？有三个基本要素：第一，做什么事；第二，做到什么结果；第三，如何做。这三个基本要素中，岗位要做什么事，在很多企业是清晰的。但是对于做到什么结果，以及如何做，有些管理者就含糊了，完全凭员工去作为。如果是素质高的员工，做的事情就漂亮；如果是素质次一点的员工，可能提交的结果就会一塌糊涂。对于同样一件事，最终的结果之所以有高有低，很大原因在于没有规范做事情的标准和流程。

笔者认识一位原先在雅芳上班的管理者，有一次她跟笔者说起公司保安的一件趣事。一天，雅芳的保洁阿姨因事请假，领导便安排保安临时当班，让他帮忙擦一下大门玻璃。保安极不情愿，认为这事不是他的职责。旁边总台小妹见他不爽，跑过来指点他："领导叫你擦玻璃，并不是叫你擦干净玻璃，你有什么不开心的呢？擦吧！"保安一听便醒悟了，于是三下五除二将玻璃擦了。擦完向领导报告，领导过来一检查，摇摇头，不客气地对保安说："难怪你只能做保安。"

这则小故事给我们两点启发：一是标准非常重要，擦玻璃和擦干净玻璃的任务委派很显然会产生两种结果，后一种结果会好于前一种结果，原因不言而喻，但如果能规定如何擦，当然就更完美了。二是要端正工作态度，如果做事不用心，应付了事，随便交差，则很难谋得自己的职业发展。换一个角度来看，如果我们的管理者在工作设计这个层面不仅能明晰职责，而且能明确结果和流程，那么员工在履行这项职责的过程中就可以更规范地去展开，进而助力员工的职业发展。

第三个要领：人职匹配

现代企业分工细致，不同的岗位对员工的能力要求不尽相同。另外，每个员工都有自己擅长的领域和独特的才干，如果员工在自己擅长而喜欢的岗位上工作，则往往更有积极性和创造性，也愿意主动学习和积累；如果员工被安排在自己不擅长也不喜欢的岗位上，则员工将无法胜任岗位要求，没有成就感，工作起来也不会开心。

因此，管理者要用好人，就要做到人职匹配。具体包括两个要点：一是知人，二是善任。知人就是要深度观察和了解员工的特长、能力与爱好；善任就是根据员工的特点，把他们与合适的工作岗位、工作职责匹配起来。

我们可以通过员工的个人资料，了解他的工作经历、教育背景、特长等情况；可以通过素质模型进行人岗匹配测试，从更科学的角度了解他的综合素质与适合他的工作岗位；还可以通过让员工参与项目或轮岗的方式，在具体工作中更全面、客观地了解员工的能力和素质。

第四个要领：设定目标

目标是指在一定时间内所要达到的期望标准。目标是团队成员为之奋斗的方向，是团队积极进取的精神动力，也是凝聚团队的黏合剂，能激发团队成员的无限潜能，让团队富有创造力、生命力，充满激情，拥有使命感和责任感。

如果没有共同目标，团队就会像一艘没有方向的巨轮在大海上盲目航行，不知道目的地在哪里；团队成员就会不知道该做什么，也不清楚如何相互配合，更找不到自己存在的价值和意义，从而失去前进的动力。

如果说愿景是灯塔，那么目标就是测量器。灯塔指引方向，目标告诉人们船的位置在哪里。领导者在描绘出企业的共同愿景后，接下来的工作就是用目标将达到愿景的路径清晰化和阶段化，使人们通过目标的累积性实现来逐渐接近心中的愿景范围。

目标的制定有三个关键词：时间、中心和标尺。这是管理者要掌握的关于目标制定的核心。

时间概念：目标是某个时间段的目标，任何目标的设定一定要明确地提出时间范围。

中心概念：设定目标后，一切行动要围绕着目标展开，与目标不符合的想法和行动就构成了干扰，要删除。

标尺概念：目标是衡量行为的尺度，是评估一个人是否创造价值的基本依据。因此，目标的设定要注意以下五个方面：

①目标要明确。设定者要非常清楚想要实现的目标是什么。

②目标要可度量。目标必须可以精确量化。

③目标要能达到。目标不能好高骛远，而是经过努力后确有可能、有机会达到。

④目标要关联行动计划。只有明确行动计划才能帮助人们达成目标。

⑤目标要有过程管控。要对目标的达成情况分阶段地进行检查，以便调整目标和行动。

管理者在设置目标时要注意三个方面：第一，目标要与愿景相结合。目标既是鼓舞人心的方向，也是人们真正想要的东西，只有这样才能有效驱动行为。第二，无论是设置个人目标还是团队目标，一定要本人参与，并达成共识。第三，当目标受阻不能实现时，一般会产生两种不同的倾向：一种是客观分析原因，找到问题症结之后，设法解决问题，调整目标，继续努力；另一种是产生推诿扯皮等非理智的破坏性行为。管理者要善于引导，避免后一种倾向的发生。

第五个要领：制定策略

不是设定了目标，目标自然就会实现，还要有策略。例如，如果一个人设定了 30 周岁前要生一个小孩的目标，那么，下一步就要考虑用什么途径去结识适合的对象，什么时候谈恋爱，什么时候结婚，结了婚以后如何备孕。要步步为营，周全规划。如果仅仅只有 30 周岁前要生一个小孩的目标，其他顺其自然，随遇而安，那么除非碰巧运气好，否则 30 周岁前是很难实现生小孩的目标的。

《孙子兵法·始计篇》强调了策略的重要性："夫未战而庙算胜者，得算多也；未战而庙算不胜者，得算少也。多算胜，少算不胜，而况于无算乎！吾以此观之，胜负见矣。"古代出师作战之前，一般要在庙堂里商议谋划，分析战争的得失，制定作战方略，这一程序叫作"庙算"。用今天的话来讲，"庙算"就是制定策略。按照孙武的说法，"庙算"基本上可以决定胜负。

那么，管理者如何制定策略呢？第一，策略要与目标紧密关联，一定不能偏离目标去制定行动策略。第二，策略要明确由谁来执行，要完成什么任务，按照什么顺序去完成。第三，策略实施的过程要有跟踪和评估，一旦发现问题，要能及时修正，以确保策略与变化的环境相吻合。

第六个要领：有效授权

为了落实团队的共同目标，必须通过有效授权明确每个团队成员的角色与责任，激发每个人的潜能，凝聚团队的智慧与力量。

一个不愿授权、事事亲力亲为的管理者，什么事都干不好，也无法获得成功。一个明智的管理者应该学会有效授权，借力成事。

有效授权包含两层意思：第一，授权。授权是基于一种信任的心态，缺乏信任的人不会采取授权的领导方式，而是将权力牢牢地控制在自己的手中。第二，有效。无效的授权会浪费资源和时间，甚至会产生风险和危机。授权的有效性在于授权者能够处理授权带来的所有问题和任何意外。

通过有效授权，授权者将庞大的企业目标轻松地分解到不同的人身上，将责任分给更多的人来共同承担，让员工更加投入地工作，从而产生“四两拨千斤”的强大力量。被授权者则增加了自主性，体验到了责任心，提高了对工作的能动性，增强了自我管理能力，获得了更快的个人成长。总之，授权为组织带来了较高的激励水平、高效率的团队和满意的业绩。

如何做到有效授权？有以下五个步骤：

第一步，说明任务。

授权时，不能简单而笼统地只告诉员工要干什么，还要告诉员工什么时间去完成、花多少钱、质量要达到什么标准等，并且双方要形成共识。

例如，人力资源经理授权培训主管策划并组织年底要举办的人才管理峰会，经理和主管对下述几点达成了共识：

（1）峰会必须在 11 月 30 日前举办。

（2）峰会的筹划成本控制在 10 万元以内。

（3）峰会的参加人员为集团及下属公司所有管理者。

（4）峰会的总体满意度在 85% 以上。

第二步，界定范围。

授权者要说明工作的一些限制和尺度，让员工明确自己的工作边界在哪里。只有界定了工作范围，授权才会更加具体，而不至于超出授权的范围，背离授权的初衷。

例如，人力资源经理需明确告诉培训主管，参加人才管理峰会的人员仅面向集团及下属控股公司，其他参股公司及关联企业不需要参加。

第三步，了解价值。

授权者要让员工知道做这件事情背后的意义是什么，会给团队或企业发展带来什么好处，以及对个人的成长有什么帮助。

例如，人力资源经理需要告诉培训主管，人才管理峰会是集团提升人才管理水平的重要行动，而培训主管组织好这场峰会，对自己的组织能力也是一次极大的提升，可以为职业发展增添筹码。

这样，员工就会清楚地知道自己在做一件多么重要的事，以及这件事对企业、团队和自身的帮助在哪里。

第四步，给予资源。

要做到真正授权，让授权的结果和预期目标达到一致，在授权时就需要给被授权者提供资源，包括费用、物资、时间、人力，还有过程中的教练辅导。如果只给员工任务却不给资源，那么等于一开始授权就失败了。

例如，培训主管要承办人才管理峰会，人力资源经理就要明确给予培训主管的资源支持：一是向财务部门申请10万元的峰会预算；二是从下属公司中抽调三名员工来协助培训主管筹办峰会；三是允许其将本职工作移交一部分给同事，以腾出更多时间筹办；四是允许其去上海实地参加一场相同性质的峰会，以学习借鉴；五是每周与主管开一次碰头会，以协调相关事项。

当培训主管了解了筹办峰会有哪些资源可用的时候，心里就会踏实，从而更积极、更到位地筹备好人才管理峰会。

第五步，承担责任。

在说明任务、界定范围、了解价值、给予资源之后，就到了让员工承担责任的时候了，它是有效授权的最后一步。

员工需要就一些关键细节做出承诺，如完成这样的任务需要多长时间、需要投入的资源有多少、要达到什么结果等。

例如，人力资源经理和培训主管双方沟通后，主管对峰会的筹办做出以下承诺：

（1）在 11 月 5 日前完成筹备工作。

（2）费用成本不超过 10 万元。

（3）对峰会的满意度负责。

这就是培训主管对这项授权任务的承诺，意味着他开始承担责任了。

第七个要领：利益到位

在对人的管理中，薪酬激励是最为核心的部分。华为的任正非曾说："我在华为几十年所做的最重要的事就是分钱，把钱分好了，组织就活了。"薪酬虽然不是激励员工的唯一手段，但是对于绝大多数员工来讲，薪酬是最基本的考虑要素，是内在最有力的驱动力量。可以说，一套行之有效并适应企业发展的薪酬分配制度是实现企业稳步发展的基本保障。

对于管理者而言，要运用利益分配的杠杆有效激励员工，至少有三点需要清楚并做到位。

第一，要明确对什么样的行为和什么样的产出应给予高待遇，否则就只能给予低待遇。

第二，要明确如何评估员工的行为和产出是达标的、不达标的或者是超出标准的。

第三，要根据评估结果公平分配。诚如任正非所说："公司的价值分配体系要向奋斗者、贡献者倾斜，给火车头加满油。"

可以说，只有做到这三点，分配才会到位，从而调动起人的工作积极性。

第八个要领：及时监督

有些管理者把任务部署下去后，一转身就去做自己的事了，对员工如何完成任务目标一概不管，等到要交工作结果的时候，才去关心任务目标到底完成没有。如果完成了，则皆大欢喜，但如果没有达到事先想要的结果，又在最后的时刻才发现，那么这个时候就于事无补了。

当员工酿成错误的时候或完不成任务的时候才发现问题，说明管理者平时没有作为，缺乏对过程的管控与监督。

因此，一个合格的管理者不仅要能有效地制定目标、分解任务，也要能做好过程的管控与监督，将问题消灭在萌芽状态。

只有既看结果，也问过程，管理者才能通过人更好地达成目标。

第九个要领：多元激励

每一个员工都渴望得到肯定和认同，一个恰当的表扬，一个适时的鼓励，一个赞许的目光，都能帮助员工树立信心，获得进步的动力，还能激发员工的使命感和责任感，释放出更大的潜能，达成更高的目标。

激励不仅仅是发工资、发奖金，也不仅仅是考核当中的加分、扣分。当员工遇到挫折，情绪低落时，我们不妨说："不要着急，你说给我听听。"当员工对完成一件新任务没有信心时，我们可以说："我相信你，你一定行。"当员工及时处理了一个意外事件，挽回了公司的损失时，我们可以说："这件事情你处理得很好，辛苦了，谢谢！"当员工取得了一些新的成绩和进步时，我们也要由衷地赞美："你真棒，加油！"因此，激励可以是一次亲切的谈话，也可以是一次有力的握手，还可以是一件小小的礼物……激励应精神物质并重，因人而异，因时而定。

当我们的管理者都学会激励员工时，团队的氛围、士气和战斗力一定会大大提升。

精明的管理者如何留住人才？

关于人才对企业发展的重要性，想必不用多言。关键在于，企业和精明的管理者如何留住人才。本文将围绕这个问题详细展开。

要留住人才，首先要洞悉人性。

什么是人性，就是人具有的正常的感情和理性。鲁迅在《华盖集·这个与那个》中说："然而人性岂真能如道家所说的那样恬淡？欲得的却多。"道家教我们看淡与放下，但绝大多数人都是庸常的普通人，所以，心中会有各种各样的"欲"，很难做到看淡与放下。其实，人有四种本能：①生命本能；②社会认同本能；③自我认同本能；④解脱本能。这四种本能对应了人的四种欲望：①健康；②成功（社会认同）；③幸福（自我认同）；④智慧。人的四种欲望倘若不能满足，人就会消极或消沉。人一旦进入消极或消沉的状态，工作的积极性和投入度便会丧失。这样，企业岂能用好人和留住人？

正因如此，企业若想留住人，便要想方设法去满足人对健康、成功、幸福和智慧的追求。所以，企业和精明的管理者要想留住人才，首先必须洞悉人的这些本性。唯有如此，才能有的放矢，抓住重点，做好留才工作。

其次，要有留才策略。

对应上述所讲的人的四大欲求，笔者认为，企业和精明的管理者要做好八大留才策略。

健康对应两大留才策略：生理健康和心理健康；成功对应两大留才策略：薪酬待遇和社会认可；幸福对应两大策略：和谐环境和知音领导；智慧也对应两大策略：竞争力提升和职业生涯发展。

第一大策略：生理健康

在物质财富不断丰富的今天，对健康的追求已经成为现代人最普遍的人生目标之一。很多人都说："请人吃饭不如请人流汗。"更多人在说："什么都是虚的，只有健康是实的。"因此，笔者认为，能极力倡导健康生活、健康工作理念并不断践行的企业，一定能营造更好的留人氛围。

那么，企业如何做到呢？

首先，推行五天工作制，不鼓励加班。推行五天工作制和不鼓励加班，貌似员工投入的工作时间少了，但实际上反而提高了正常工作时间的工作效率，促进了企业高效工作氛围的形成，并且让员工有更多的休息时间，实现了工作与生活的平衡，进而更好地为企业服务。

其次，推动员工形成自觉锻炼的习惯。如万科的王石、郁亮坚持登山、跑步，这种领导示范带动万科形成了跑步一族。现在随着互联网的兴起，建立员工锻炼的共享圈，每天 PK 走路步数也是很有意思的创举。除了评选业绩之星外，企业完全可以在年底评选出运动之星，积极倡导运动理念。很多企业每年固定时间举办的职工运动会，更是践行运动理念的一种最直观表达。

一家倡导运动并且从上到下都喜欢运动的企业，不仅能保证大家有更健康的身体投入工作，而且能使员工更加阳光积极，更加蓬勃向上，进而形成良好的企业氛围。

第二大策略：心理健康

现实中，人员的去留在很大程度上受心理因素的影响。例如，有的人离职是因为工作和人际关系方面的压力无法疏解；有的人离职是因为攀比，看到同学或朋友在哪里是什么职位、什么待遇而产生心理上的不平衡；有的人离职是因为没有同理心，只看到别人的问题而没有分析自己的不足，久而久之产生怨气。由于这些心理问题而导致的怠工、离职等层出不穷，给企业和管理者带来了很大困扰。

针对这些现象，很多企业发展了员工援助计划（Employee Assistance Program，EAP），其服务范围包括员工的心理咨询和幸福力的构建，全方位帮助员工及其家庭成员解决心理问题，最终目的是稳定员工情绪，改善组织气氛，提升管理效能和企业绩效。

笔者所熟知的一家浙江制造业企业拥有 3000 多人的规模，以前因为工作压力大、人际关系紧张等各种各样的原因，员工离职率达 30%，甚至一度还有员工跳楼事件发生，搞得企业焦头烂额。2005 年企业引进并践行 EAP 计划之后，员工的跳槽率下降到 5% 左右，再也没有发生过员工跳楼事件，企业氛围大大改善，每年还实现了 30% 的业务增长。

第三大策略：薪酬待遇

经常听到企业老板抱怨：为什么公司离职率这么高？为什么公司的薪酬待遇得不到员工的认同？为什么公司给员工加薪却造成更多员工的不满？为什么想让来的员工不来，想让走的员工又不走？为什么那么多员工干活出工不出力，天天混日子？为什么公司总是难以做大？

之所以企业会遇到这些问题，其中一个重要的原因就是老板没有分好钱。

有人总结说，普通的老板会做事，优秀的老板会用人，卓越的老板会分钱。所谓会分钱，是指企业建立了一套公平的薪酬分配体系，员工能在这个体系里得到激励、获得回报、感受公平、享受满足。只有这样，员工才能够自动自发地去工作，才愿意奉献自己的力量成就企业，而且无论遇到多大的困难也不会想到要离开企业。

有世界第一CEO之称的杰克·韦尔奇说过："我的工作就是将最好的人才放在最大的机会中，同时将金钱分配在最适当的位置，仅此而已。"而华为的任正非也曾经说："我在华为几十年所做的最重要的事就是分钱，把钱分好了，组织就活了。"卓越的老板根本不担心那些优秀的人才会离开企业，因为他们已经无法离开，分配机制已经将他们牢牢地锁在了企业发展的战车上。

一套好的分钱体系通常由四个要素组成：第一个要素是分配理念，如华为的"绝不让雷锋吃亏"；第二个要素是分配内容，通常包含固定工资、绩效工资、年终奖金、股权激励等短期与长期利益；第三个要素是分配依据，如按贡献和价值分配；第四个要素是适应性机制，要体现灵活性和有效性。

有一位国企高管放弃每年80万元的固定收益，而到江苏一家年薪仅有50万元的民营企业任高管。问其原因，他说和工资多少没关系，而是干多干少干好干坏一个样的现状令他感觉平时的辛苦付出完全没有得到尊重，感觉不爽。

这位国企高管的离职至少说明两点：第一，该企业的分配理念出了问题，存在平均分配吃大锅饭现象；第二，该企业的分配依据出了问题，其并不是按贡献和价值分配，而是按位置和资历分配，你到了这个位置，即便没有贡献，该拿多少还是拿多少。显然，钱没有分好，真正有能力、有抱负的人怎么可能久留？

第四大策略：社会认可

社会认可体现在两个层面：一在自身；二在平台。例如，有亲朋好友问："你在哪里上班？做什么事？"假如你回答："我在腾讯上班，任高级经理。"别人的反应可能就是："哇！"充满艳羡。你本人也在这"哇"的一声中得到了满足，内心里充满自豪感，感到特别有面子。人在社会，除了追求物质利益外，一定还有精神追求，希望在社会上得到别人的尊重。

因此，从企业的角度而言，如何去塑造一个良好的雇主品牌至关重要，这并不是要求每家企业都做到像腾讯、阿里巴巴、百度、华为、格力一样名动全国，甚至全球知名。但一家企业倘若能始终想正事，一直不忘初心走在正道上，那么一定能赢得大家发自内心的尊敬，从而凝聚一帮人长期追随。

除了打造良好的雇主品牌外，还要能创造员工成长的空间，让员工在企业不断成长。例如，有些企业以员工名字命名"××× 工作室"，这在给员工带来荣耀和成就感的同时，也会使员工的归属感大大加强。

第五大策略：和谐环境

如果合适的人才是企业持续成长和实现卓越绩效的首要条件，那么高信任度的和谐环境是人才成长与团队发展的沃土，也是企业留人的重要因素。

什么是环境？环境就是我们每天看到、听到和感受到的东西，也是影响员工满意度、归属感、成就感的重要因素。和谐环境指的是团队成员之间高度信任、相互理解和支持、愿意关心他人以及欣赏彼此差异的工作氛围。

一个团队如果没有和谐的环境，人与人之间的关系就是冷漠的、相互戒备的，大家只关心自己，不关心他人，既不愿意向他人借力，也不愿意帮助他人，遇到问题时还会互相推诿，逃避责任。在这样的氛围下，员工就会产生强烈的压抑感，缺乏工作热情，无法发挥自己的潜能，工作效率也会非常低，很多人还会因此而萌生退意。

而在和谐的环境下，团队成员之间彼此信任，大家在轻松愉快的环境中工作，坦诚沟通，每一个人既愿意帮助他人，也乐意接受他人的帮助，积极贡献自己的智慧，为共同目标而全力以赴。在这样的环境下工作，人的心境必定是轻松和愉快的，也充满了幸福感，人自然愿意留下来。

第六大策略：知音领导

曾经听一位长者说幸福的四大要素：①身体健康；②家庭美满；③工作如意；④有一位知音领导。这位长者说人生路上，能碰上一位或若干位欣赏你、重视你，愿意提携你、帮助你的领导，既是一件幸运的事，也是一件令人幸福的事，笔者深以为然。

哈佛大学的一项研究表明："如果员工满意度提高 5%，会连带提升 11.9% 的外部客户满意度，同时也使企业效益提升 2.5%。"员工有幸福感才会有满意度，而影响员工幸福感的所有因素中，与上级的关系无疑是最重要的。如果员工与上级关系是和谐的，将会极大地提升员工的幸福感。

那么，如何成为员工的知音领导呢？笔者认为，第一点应该是信任。如果领导信任员工，相信员工都愿意取得进步，获得成长，那么这种信任就会使员工感到被尊重，从而更乐意为企业贡献才干和承担责任，工作的效率和效益也会得到提升。

第二点应该是欣赏。孔子说："三人行，必有我师焉，择其善者而从之，其不善者而改之。"每个人都是自己的老师，比自己好的固然是老师，不如自己的也是老师，因为看到他的不足，可以引以为戒。俗话讲"尺有所短，寸有所长。"由于应用的场合不同，一尺也有不够长的时候，一寸也有多余的时候。事物各有长处和短处，任何人都有优点和缺点，为什么不将眼光放长远，为什么不注重人的优点呢？欣赏就是既看到尺的价值，也看到寸的优势。

欣赏可以激发员工的激情，可以塑造积极的团队氛围，可以形成企业的向心力。被欣赏的人会焕发出自信，会心甘情愿地将欣赏的眼光投向他人，因而团队的氛围会更积极融洽，企业的士气也必定高涨。

第三点应该是担当。社会学家戴维斯说："放弃了自己对社会的责任，就意味着放弃了自身在这个社会中更好的生存机会。"同样，如果一个领导者不愿意去担当，出了问题只会指责下属或者是别人，也就意味着放弃了在别人眼中的权威。一个不愿意担当的人，怎么可能服众?

对下属而言，最温暖的话语莫过于领导对自己说："放心地去做吧，做出成绩算你的，出了问题我担着。"一个负责任的、敢于担当的领导，不仅会让下属有安全感，也会让下属更加认可自己，愿意与自己长期共事，从而实现团队的稳定。

第七大策略：竞争力提升

一个卓越的团队，不仅需要优秀的人才，更需要建立人才梯队。只有这样，团队才能永葆活力和创造力，才能不断创造高绩效。

提升员工的竞争力不仅是企业的战略问题，也是管理者应该做也必须做好的一项重要工作。

国际权威研究表明，人才培养的成功 70% 源自岗位锻炼；20% 源自上级指导；10% 源自课堂培训。从中也可以看出，向符合公司要求，具有潜质的员工提供合适的发展机会，激发其潜能，传授技艺，进行绩效反馈与指导等，是管理者有效提升员工竞争力的最直接手段。

例如，一家互联网公司习惯于为每一个没做过项目或经验有所欠缺的组员配备一个具有丰富经验和知识的教练，这个教练通常就是员工的直接上级。教练会在项目实施的过程当中观察跟进，了解员工的表现和绩效，给予及时的反馈、激励和必要的辅导。教练并不提供解决问题的方案，而是支持、启发员工自己去发现答案；通过客观的反馈、辅导，引导员工看到更多的可能性，认清自己的局限，最终达到提高自己竞争力的目的。

总之，只有不断地让员工的竞争力得到提升，才能让企业的整体竞争力得到提升，并由此让更多优秀的员工留在企业，共促企业发展。

第八大策略：职业生涯发展

今天的企业绝对不可能在市场上一枝独秀，而是与众多竞争者同台共舞，尤其是随着经济全球化的发展，企业的边界范围突破了地域和国家的局限，合作已经必不可少。市场经济让人自由流动，领导者与下属的关系也过渡为一种共生共存的关系。企业内外环境的转变，要求企业具有共赢策略，就像大海汇聚了无数的小溪而不会干涸。共赢是将各种力量结合起来，让大家从中受益。

企业得到发展后，员工也应得到同步发展。员工的发展不仅是物质利益跟着水涨船高，而且包括职业生涯发展。例如，一个员工刚进企业时是技术员，然后是助理工程师、工程师、高级工程师、总工，最后是首席科学家，一步步与企业同步发展。这样一条职业通道的设计，让员工看到了发展的方向，也会因此更加努力。如果员工努力了，但并不能看到清晰的发展方向，等到条件成熟，他就可能转身离开企业，到外面寻找发展机会。所以，关心并做好员工职业生涯发展是企业和精明管理者留住人才的重要举措。

最后，笔者想说的是，企业能否留住人才，最核心的影响因素在于管理者，管理者自身有魅力、有领导水准，人员便会相对稳定；反之，人员的跳槽率就高。

无印良品的离职率为何这么低？

成为好公司的条件是什么？当我们面对这个问题的时候，答案或许有很多，但毫无疑问，其中必定有一个回答是“员工不辞职的公司”。员工不辞职的公司，也可以称为“让人有成就感的公司”。什么叫“让人有成就感”，日本无印良品前会长松井忠三认为：“所谓成就感，不仅仅是由金钱堆砌出来的。我认为，那应该是每天工作中得到好评的自豪，是感觉自身的成长，得到成果后的感动……这些更加切实的感情。”如果企业能真切地为员工打造这样的成就感，那么高业绩和公司的发展也必定会随之实现。因此，大部分企业都在追求能够给予员工成就感的机制与氛围，以此来极力挽留员工特别是优秀骨干员工。在这方面，无印良品是一个典范。日本厚生劳动省聘用动向调查统计结果表明，日本批发业、零售业的平均离职率是 14.4%。与之相比，无印良品本部员工的离职率近年都维持在 5% 以下。这么低的离职率，无印良品是怎么做到的？松井忠三认为主要原因有三个。

1. 有许多人因为喜欢无印良品这个品牌而加入

松井忠三感觉，无印良品的许多员工怀有的不是爱社精神，而是爱品牌精神。因为他们自己也很喜欢穿着简约而实用的无印良品服装，所以对自己的工作产生了自豪感。

松井忠三的这种感觉，对于企业如何留人有着很深的启迪价值。一个人冲着一家企业而去，并愿意留下来为之长期奋斗，与企业拥有什么样的品牌美誉度是紧密相关的。笔者认为，一家企业的品牌美誉度不仅是有健康的现金流，能满足员工的高薪要求，更重要的是品牌要有深层内涵，蕴含两个基本的东西。第一个东西叫社会责任。企业提供给社会的产品和服务是什么，是在推动社会的进步，还是见利忘义，为所欲为？贩毒公司可能会有很多钱，但是这种企业能让人愿意托付终身吗？如果员工始终为企业的产品和服务感到由衷的自豪，员工的归属感自然就大大增强了。第二个东西叫员工责任。一家企业是否伟大，不仅要看其为社会创造了什么价值，为企业自身带来了多少利润，也要看其塑造了多少员工，成就了多少员工的职业梦想。伟大的企业必定也是致力于人的发展的企业。

2. 依靠内部采用机制让慢慢培养起来的人成为正式员工

在无印良品，内部采用机制就是从店铺的兼职人员中选取有能力的人聘为正式员工的制度。松井忠三认为，通过内部采用机制转正的员工，无疑是“生在无印，长在无印”的人，他们的脑中已经完全渗透了无印良品的哲学和理念。在目前的中国企业中，特别是大量民营企业中，当企业的核心岗位缺人时，往往喜欢高薪挖角，也即喜欢“空降”人才。“空降兵”策略作为选人的辅助策略，本无可厚非，但太倚重这种策略无疑是危险的。职场中流行这样一个观点，笔者认为有一定道理，即“花钱可以猎来的人，总有一天一定会被人花更高的价钱猎走”。另外，高薪猎来的人才在能力上可能无可厚非，但是价值观与企业是否相融，这就很难说了。若一个人无法融入企业，其能力再高也不可能被企业长期拥有。所以，建立人才的储备和培养机制，做好人才规划，不仅可以确保企业人才供应之需，做到让员工与企业发展同步，也会从内部激发员工的归属感，进而降低人员跳槽率。

3. 公司一直全力营造“有成就感”的职场氛围

无印良品倡导终身聘用和实力主义，他们认为，若不保证终身聘用，就无法让员工安心工作。“终身聘用制”一直是日本企业的传统，但在中国，企业现在很难做到这点。不过，营造“有成就感”的职场氛围，也是让员工安心于一家企业的重要举措。要做到这一点，有两点需要企业关注：一是企业的机制要保证那些主动作为、善于作为的人在人群中脱颖而出，享受到不一样的精神与物质待遇。若干多干少干好干坏没区别，久而久之，工作成就感就会荡然无存。二是要提升管理者的职业化管理水平。一个不善于管理的管理者，必定会缺乏与员工的良性互动，往往会对员工的成就视而不见。而一个善于管理的管理者，特别能在言语、行为等诸多方面对员工的工作给予肯定，激发员工的成就感。若如此，员工的留任率自然会跟着提升。

员工的稳定，特别是关键岗位员工的稳定，是保证企业长期发展的根基，动摇不得。如何尽可能地提升员工的稳定率，也是企业必须要有的作为。

保证员工正确做事的五大思维与一个机制

有一位老教授在课堂上问大家："如果你去山上砍树，正好面前有两棵树，一棵粗，一棵细，你会砍哪一棵？"大家几乎都选择砍粗的。

教授笑了："那棵粗的不过是普通的杨树，那棵细的却是红松，现在你们砍哪一棵？"大家就说："当然砍细的红松，红松值钱啊。"

教授又说："那如果杨树是笔直的，而红松却七扭八歪，你们会砍哪一棵？"大家觉得有些疑惑了："如果这样的话，还是砍杨树。红松歪歪扭扭的，什么都做不了。"

大家猜测教授又要加条件了，果然，他说："杨树虽然笔直，但由于年头太久，中间大多空了，这时，你们会砍哪一棵？"

虽然搞不懂教授葫芦里卖的什么药，但大家还是在教授给的条件下思索："那还是砍红松，杨树中间空了，更没有用。"

教授紧接着又问："可是红松虽然不是中空的，但它扭曲得太厉害，砍起来非常困难，你们会砍哪一棵？"大家索性不去考虑教授到底想得出什么结论，就说："那就砍杨树。同样没啥大作用，当然挑容易砍的砍了。"

教授不容大家喘息又问："可是杨树上有个鸟巢，几只幼鸟正住在巢中，你会砍哪一棵？"终于有人沉不住气了："教授，您到底想告诉我们什么？要测试些什么呢？”

教授收起笑容道：“你们怎么就没人问问自己到底为什么砍树呢？虽然我的条件不断变化，可是最终结果取决于你们最初的动机。如果想要取柴，你就砍杨树；想做工艺品，就砍红松。你们当然不会无缘无故提着斧头上山砍树。”

通过这则小故事，笔者想到一组来自哈佛商学院的调查数据：中国企业仅有不超过 28% 的人能够通过自主努力将事情做对。这说明什么？绝大部分员工是在耗费企业资源做不正确的事情，由此导致企业效率低下，最终影响了企业的可持续发展。

为什么大部分员工不能通过自主努力做正确的事，关键在于心中没有企业的大目标，忘了因何出发，为什么要做这些事。诚如上文的故事，如果没有搞清楚为什么砍树就拎起了斧头，怎么能将树砍正确？

那么，什么是能将事做正确的思维？

一要有目标思维。

工作的出发点要聚焦到企业的大目标上来，什么叫企业的大目标？你要知道：企业的远景是什么？要实现这个远景，什么是最关键的要素？你做的事与这些关键要素有何关联？此为第一层次的思维。

第二层次的思维是工作的出发点要聚焦到企业年度目标上来。你要知道：企业的年度目标是什么？你做的事与这些年度目标有何关联？

现在的问题是：很多企业没有清晰的远景和目标规划，或者有但没有将企业的远景目标有效地层层传递下去；很多员工，特别是基层员工，没有反向探究企业目标的习惯，擅长于执行（很多甚至连执行都成问题），但缺乏“为什么做这件事”的思考。因此，员工对企业的目标是模糊的，企业也不清楚员工在想些什么，甚至在干些什么，双方之间“白天不懂夜的黑”。若连共同的方向都建立不起来，怎么指望能将事情做正确？

二要有协作思维。

每件事情要有正确的结果，光靠个人拼命无法达成。例如，要生产出高质量的产品，仅靠生产部门的努力是不行的，还与采购部门的原材料供应、研发部门的设计工艺、人力资源部门的人员供应和培训等密切相关。无论哪一个环节出了问题，都会影响到生产部门的产品质量。所以，要将事情做正确，一定要明白：哪些环节和哪些人在影响着你的工作结果？如何让这些环节和这些人都能支持你的工作结果的实现？

现在的问题是：大家擅长关起门来埋头做事，各干各的活儿，事前极少分析协作关系，一旦事后出问题了，就互相指责对方不对。在工作中，若得不到各部门的全力支持与配合，纵是齐天大圣下凡，也无可奈何。

三要有责任思维。

要明确自己的职责，并且要有不辱使命的职业意识和素养，唯有如此，才有将事情做正确的基础。

现在的问题是：企业里有相当一部分人职责不清，习惯交办一件干一件，不交办不知道该怎么办；或者虽然知道职责，但往往能推则推，能躲则躲，企业里推诿扯皮等不负责任现象比比皆是。如果员工不知道做何事或者不想去做事，那么要求将事情做正确，岂不是奢谈？

四要有担当思维。

认真做事者难免会犯错，没有人可以做到事事皆正确。犯错并不可怕，可怕的是知错不改，一错再错！要保证不犯同样的错误，一定要有担当思维。只有首先认领了问题，才会有真正解决问题的投入，也才会最终解决问题，避免问题重复发生。

现在的问题是：去年存在的问题，今年照样触目惊心；大家都知道有问题，但对如何解决问题束手无策。如果连解决问题都做不到，企业又怎么能够保证将事情做正确？

五要有创新思维。

要将事情做正确，务必要与时俱进。如工业化时代，店铺数量的多少会影响企业的竞争力，通常开的店铺越多，其竞争力就越大。但在数字化时代，线下店铺数量越多，反而成了企业的累赘，这时，要大力发展线上电商，只有线上线下高度融合、协同交互，才能构成企业新的竞争态势。只有思维变了，才会形成因应时代发展变化的行动策略，以变应变，方能屹立潮头不倒。

现在的问题是：很多人习惯用旧思维衡量时代新事物，喜欢固守传统经验去对抗新策略，如此，如何保证做事情的质量？

要保证将事情做正确，光强调思维显然是不够的，企业还要用机制来保障。目前，最好的保障机制就是绩效管理机制。但在当前，很多企业对绩效管理存在认识和应用上的误区。

第一，没有搞清楚绩效管理是连接战略与执行的工具，是保证大家将事情做正确的机制。如果企业将绩效管理误认为是考核评分，并将评分结果与工资挂起钩来，那么是不能促进企业将事情做正确的。

第二，没有搞清楚绩效管理是基本的管理方法，是每个管理者都应知应会的管理工具。如果企业将绩效管理误认为是人力资源管理部门的工作，那么这项工作在企业里是无法成功的，其必然会影响企业战略的执行，降低企业竞争力。

第三，没有搞清楚绩效管理是系统平台，要通过绩效管理促进战略落地，保证大家将事情做正确，绩效规划、过程管控、考核分析、激励改善四个环节缺一不可，都要做扎实。如果仅做绩效评价的事情，那是对绩效管理的断章取义，不会有太大的效果，不做也罢。

在笔者看来，驱动企业发展的“三驾马车”——战略、文化和管理，很多企业并没有做好，导致战略是模糊的、文化是形式的、管理是经验式的。企业做不好管理，再好的战略也是空谈，而管理的核心就是绩效管理。中国经济的发展必然要依靠实体企业的壮大，而实体企业要转型升级，扎实的内部管理是必不可少的一个环节。

笔者总在想，什么时候才是中国企业管理的春天？那一定是停止了对绩效管理的争论，和绩效管理说再见的时候。什么是和绩效管理说再见？就是企业根本就不需要谈绩效管理了，绩效管理已经深度融入每一位管理者的日常工作。当管理者应用绩效管理的策略管理部门或岗位的绩效，犹如我们每一个人每天都要吃饭一样，是一种本能反应的时候，绩效管理在企业就真正成功了。而绩效管理的成功，必定也是企业管理的最终成功。

第六辑

升级绩效管理

管理之道

只有能效达到了平衡，企业像重视绩效增长一样去重视人的能力增长，绩效的实现才有保障。

对考核最深刻的反思：您的企业还在傻傻地搞年终考评吗？

本文结合笔者20多年的人力资源工作经历，对绩效考核做出了深刻反思，分别回答了绩效管理为何失效、绩效管理的方向与本质是什么、如何让绩效管理时时保鲜三个问题。特别是文末的绩效管理保鲜建议，或许会带给很多IT、游戏类公司极具价值的商业设计思路。

为什么绩效管理会失效？

2014年的一项调查显示，88%的企业拥有绩效管理策略，然而有71%的企业认为绩效管理策略没有效果。如今，这两个数据基本变化不大。近年来，“微软废除了可憎的绩效评级制度”“惊人之举，埃森哲将去除年度绩效考核与评级”“千禧一代如何逼迫GE抛弃绩效考核”“高盛大刀阔斧改革绩效考核制度”等标题频频见诸国内外主流媒体，可见，这些著名企业的绩效管理并不乐观。除了这些著名的跨国公司外，国内企业如百度的李彦宏、小米的雷军等也一直痛陈绩效考核的弊病，建议废除KPI，而且这些观点都得到了较大范围的支持。

其实，绩效管理在国内外实行多年，早已被实践证明是行之有效的方法，为何现在却被千夫所指？其实，不是“经”不好，而是有些“小和尚”功力不够，把“经”给念歪了。笔者认为，有四点造成了绩效管理在企业的失效。

1. 理念上缺乏利他思维

企业谁最热衷于推动绩效管理？一是老板，二是人力资源管理部。老板为何热衷？因为想通过考核更好地实现企业目标；人力资源管理部为何热衷？因为绩效考核推行成功了，就是部门的一项成绩。但问题在于，老板和人力资源管理部是否清楚绩效管理对各级经理人有何帮助，对员工有何帮助。比较讽刺的是，我们看到的绝大部分现象是：经理人认为考核就是去得罪人的，而员工则认为考核就是为了扣工资、扣奖金。当经理人和员工都把绩效考核当成一种压力的时候，绩效考核也就失去了群众基础，最后不了了之。即便老板强力推动，最后也是扎扎实实玩数字游戏，考了等于没考，走形式居多。因此，一项制度尤其是人力资源管理领域的制度在企业的推出，若看不到这项制度对经理人和员工有何帮助，大家是不会热衷去做这件事的，更谈不上主动作为，不走形式才怪。

2. 手段上以考核为先

毫无疑问，考核是绩效管理的重要环节，但不是绩效管理的全部。不过遗憾的是，现在大部分企业推行绩效管理的初衷就是为发工资、发奖金寻找一个更为客观的依据，所谓的“多劳多得，少劳少得”。因此，企业强调每月末、每年末的考核评分，再根据评分的结果发放工资和奖金。但问题在于，考核若单纯地以利益为导向，到最后几乎都变成平均分配。首先，在中国这个人情社会，谁愿意为了分配的事情而导致上下级之间的矛盾？其次，若是在考核的时候才发现问题，即便把所有人的工资、奖金全扣了，能改变问题既成的事实吗？最后，即便考核非常公平客观，但上月的问题本月照样存在，相比上年，本年丝毫没有任何进步，还是止步不前，如此，考核再客观又能为企业创造什么价值呢？每年年末，很多企业（包括机关事业单位）还在热热闹闹、大张旗鼓地搞单纯的考核，的确是不太高明的思维和行动，应该反思和改进了。

3. 推进上止于人力资源部

一项工作的成功在于众志成城，但可惜的是，具体到绩效管理，大部分企业从上到下还认为是人力资源管理部的事。这至少说明两个问题：一是管理者的角色认知问题。若一个管理者没有绩效管理的理念，没有最终让绩效产生的系统方法，那这个管理者能算是合格的管理者吗？二是人力资源管理部的专业认知问题。从绩效管理的设计到推进，什么人力资源管理部可为，什么不可为，对于这种专业的边界，人力资源管理部分得清楚吗？分不清楚的结果就是企业所有的人都认为这项工作就是人力资源管理部的，到头来人力资源部再忙也得不到别人的承认。

4. 目的上只为目标达成

企业的绩效考核只注重如何实现目标，但忽略了人的成长进步和价值体现。实际上，通过考核将企业与员工完全对立了起来，加剧了绩效优秀的员工和一般员工的隔阂。同时，若没有强调并实现员工能力的成长，企业目标的最终实现也就缺失了支撑，最后导致执行力差的问题。

绩效管理的新格局：方向与本质

考核的本质在于促进目标的达成和提升员工绩效，而不在于评价员工过去的表现。大部分的企业在绩效考核的过程中，都会预设阶段性要达成的目标和任务，但可惜的是，这些目标和任务到最后无一例外地都成了考核的依据，而没有其他。所以，月末年终更多的是拿着事先设定的这些目标和任务，依据考核细则逐一打分，考核得不亦乐乎。目标达到了皆大欢喜，若没有达到呢？扣分伤员工的心，不扣伤企业的心。其实扣了也伤企业的心，因为投入了时间精力，但最终目标并没有完成。

预设的目标和任务是拿来达成和超越的，而不是拿来考核的。考核是出不了业绩的，只有靠管理才出得了业绩。所以，绩效考核的方向要从传统的绩效考核转型到绩效管理，再发展到能效管理，即摒弃绩效考核，做好绩效管理，发展能效管理。

1. 摒弃绩效考核

绩效考核没有赢家。若考核的时候才发现员工的问题，这时员工被扣工资和奖金，会不高兴；管理者认为扣别人工资和奖金得罪人，会有压力；企业目标没达成，即使扣了员工的工资和奖金，也不能实现高绩效，还影响了发展。既然考核对谁都没有作用，为什么不尽快抛弃？

2. 做好绩效管理

绩效考核要转型升级到绩效管理，务必要做好四个步骤，并使其形成一个运作闭环。第一个步骤是绩效规划。上下级之间要就阶段内应达到什么目标、完成什么任务等，通过深入沟通达成共识。共识是执行的前提。第二个步骤是过程管控。不要等目标完不成的时候再去指责员工和扣工资、奖金，真正高明的管理是在过程中及时发现问题并将问题消灭在萌芽状态。第三个步骤是考核分析。考核更重要的功能在于发现问题、分析问题和解决问题。考核之后不分析，不据此做出绩效改善的计划和行动，几乎等于没有价值。第四个步骤是激励改善。评分是必须的，将评分的结果与工资奖金挂钩也是必须的，但分配不是目的，通过分配激励大家更好地完成工作才是目的，所以不能一扣了之，扣了之后还要做好绩效反馈，搞清楚错在哪里，如何改善。

只有上述四个环节都做到且做好了，才是绩效管理。考核只是绩效管理的必要环节，不要把绩效考核混同于绩效管理。

3. 发展能效管理

如果说绩效是果，那么能力便是因。假设岗位任职员工的能力跟不上，目标和任务的界定再清晰，都难以执行到位。因此，管理绩效的前提是员工的能力素质要与岗位相匹配，一要选好人，二要做好岗位员工的能力管理，要让不行的人变成行的人。“以效察能，以能促效，能效共进”。企业不能只关心绩效目标如何达成，还要像重视目标达成一样重视人的能力成长。能效管理是企业发展的“两只手”，要一手抓绩效，一手促能力。能效共进，既能培育企业竞争力，又能涵养员工增值力，从而实现共赢。

世界变化太快，绩效管理如何才能时时保鲜？

孔子云：“知之者不如好之者，好之者不如乐之者。”从这句话中，笔者领悟到，无论世界变化再快，只要抓住两点，一定可以让绩效管理时时保鲜。

第一点：本职绩效。企业的运营要设置若干岗位，每个岗位都有需要完成的任务目标，这是确保企业生存的本职绩效，要不折不扣地达到。如何让岗位任职者达到本职绩效，前提是要想尽一切办法找到适合岗位的人。若人“不好之”，再强的绩效管理方法都不可能促进本职绩效的达成。

第二点：增值绩效。仅仅让员工完成本职绩效，无法实现企业的长效发展，只有让员工主动承担额外工作，不断超越，善于创新，才能创造员工更大的价值，进而实现企业发展。如何确保绩效增值，必然要让员工“乐之”。工作本身要能为员工带来快乐，而快乐可以提高创造力。例如，人们对游戏的兴趣往往高于对工作的兴趣，因为在游戏中能感到快乐。假如我们能将大家不感兴趣的工作游戏化，是不是可以就此提升乐趣而让大家更愿意投入呢？据此思路，不妨提出一个工作游戏化的设计构想：将一些具有挑战性且能为企业带来长远价值的工作放进“工作箱”中，员工在完成本职绩效的同时，可以自愿到“工作箱”中如玩寻宝游戏一样寻找自己感兴趣的事情，一旦完成这些事情，员工就实现了增值绩效。企业可奖赏其虚拟金币，当虚拟金币累积到一定量的时候，员工可用这些金币去兑换一次旅游、一次有价值的培训或感兴趣的个性化福利。当然，在全力挑战这些额外工作的过程当中，游戏的设计也要充满乐趣，如完成工作的某一重要节点，企业可奖赏其 10 块虚拟银币，而这 10 块银币最终可兑换 1 块金币。

欲达成绩效，必先找到“好之者”，再让大家成为“乐之者”。在数字化时代，这或许就是绩效管理的保鲜之道。

绩效管理的进化：从绩效走向能效的二维平衡

绩效管理能带来绩效吗？

对于罗伯特·卡普兰教授提出的平衡计分卡，想必大家都不陌生，之所以把这个老话题重新拾起来，是因为平衡计分卡能很清楚地让大家知道绩效的源头出自哪里，然后从这个源头出发，最终找到驱动绩效的行动路径，进而赋予绩效管理战略价值。

平衡计分卡告诉我们；衡量一家企业的战略是否成功的标准就是企业是否能取得超额利润，这显然是一个财务层面的战略目标。超额利润从何而来呢？无非是两大关键驱动因素——收入和成本，因此必须努力增加收入，降低成本，提升资本周转率。为实现这些财务目标，必须获得更多的客户，让客户有满意度和忠诚度，从而更多地购买产品或服务。那么，如何获得更多的客户，并让客户满意呢？唯有依赖高效的运营流程、销售流程、创新流程、生产交付流程等。如果继续往下深入寻找关键的驱动因素，我们就会发现，要使这些内部运营流程高效卓越，就需要通过岗位上的每一位员工去实现，员工必须胜任每个岗位，并且必须学习与发展。

以上这个战略逻辑就是平衡计分卡强调的四个层面：财务层面、客户层面、内部运营层面、学习与发展层面。作为财务会计学教授，卡普兰痛恨凭借单一的财务指标来评价企业的做法，他提出需要通过更面向未来的、更面向长期的、更面向驱动因素的非财务指标来评价和管理企业。

但卡普兰所痛恨的做法恰恰在我们当下非常多的企业里还在不断上演。很多企业强调销售收入、利润等财务指标，老板真正重视的是每年到底实现了多少销售收入，达到了百分之几的利润率。但这些纯粹是结果层面的东西，如果没有对“因”的投入和重视，哪来的结果实现呢？而所谓的“因”，在卡普兰的平衡计分卡里就是客户、内部运营和学习与发展层面的指标。这就意味着企业老板要像重视销售收入、利润率等财务指标一样去重视客户、内部运营和学习与发展指标，只有这些指标在现实中落地了，才有结果的最终实现。

假如仅有财务指标，而“因”上的其他指标不完善，则再怎么做绩效管理，都是不会成功的，因为这样的绩效管理不会为我们带来战略价值。

对此应如何理解？例如，企业对销售部门的要求是“完成 5 亿元的销售目标”。大部分企业所谓的“绩效管理”就是把“5 亿元”分解到每个销售人员的头上，如张三 5000 万元，李四 1000 万元，等等，然后进行考评，达到了给奖金，没达到则扣分。但是管理者怎么帮助张三、李四明确达到目标的具体行动策略呢？对此，管理者要么没有做，要么不知如何去做。又如，过程管控应管什么、控什么，绩效分析应如何分析，绩效反馈应如何反馈，对于这些，如果一概不做或不知道怎么做，那么最终绩效目标能否达成就是碰运气了。

那么，怎么做才能让绩效管理帮助企业实现战略目标？例如，销售目标是“5 亿元”，那么销售经理就得清楚“因”上的三个层面。

1. 客户层面

如老客户的稳定率应达到 80%；新客户的增长率应达到 50%；客户对销售人员的服务满意度应达到 95% 等。

2. 内部运营层面

如每位业务人员至少应策划 4 个稳定老客户的新思路并落实；至少新开发 2 个以上的销售渠道；4 月底前完成快速响应客户需求的组织架构设计及响应流程优化等。

3. 学习与发展层面

如人岗匹配合格率达到 80%；高级销售人员比率达到 20%；中级销售人员比率达到 50% 以上等。

一旦上面这三个层面的指标明确了，并具体落实到责任岗位和责任者，销售部门的管理人员开展过程管控、绩效分析与绩效反馈的指向就非常清楚了。

例如，过程管控就可以锁定以下内容：阶段性的老客户稳定率、新客户增长率；客户的满意度是否达标；有没有落实稳定老客户的新思路；如何开拓销售渠道；快速响应机制建立的进度；员工人岗匹配率的动态指标等。一旦过程当中发现异常，就可以立即采取行动，将问题消灭在萌芽状态。

又如，绩效分析与绩效反馈就可以根据客户、内部运营、学习与发展三个层面具体指标的完成情况来分析得与失，进而做到明确并发挥优势，补强短板，从而在下一个绩效周期避免重复犯错，使绩效更上一层楼。如此，绩效管理就可以帮助企业真正地实现战略目标了。

在平衡计分卡的四个层面中，学习与成长层面是影响绩效达成的重中之重，其中的核心在于人身上的愿力与能力。绩效的达成取决于一个人愿不愿意干和有没有能力干。人不愿意干或没有能力干，指标达成的路径再清晰，都是“水中月，镜中花”，看上去好看，实际都是虚的。

因此，只有首先赋能于人，才能找到成功开启绩效管理之门的钥匙。只有首先确保“人对”的绩效管理系统，才能够真正帮助企业成功。

企业让人成长的根本在于创造机会

赋能于人说穿了就是让人成长，谈到让人成长，企业的第一反应就是要对员工进行培训。但笔者认为，企业赋能于人恰恰是要取消企业一以贯之的培训，要想方设法壮大企业，为员工的发展创造机会。

为什么会有如此想法？我们先来看看企业培训的运作逻辑。

每家企业都知道，企业的竞争归根结底是人的竞争，哪家企业沉淀了一批有实力的人（当然，前提是企业走在正确的发展道路上），哪家企业就能成功。什么是有实力的人？答案是既愿意干又有能力干的人。但是并不是人人都能马上满足这个要求，所以企业必须对员工进行培训。

正是因为这个逻辑，接受培训的个人通常都会认为，企业对个人实施培训是天经地义的事。这样，问题就来了，既然这是企业的事，那么员工有热情就支持企业做这件事，否则就应付着去完成，甚至干脆不去做。

可想而知，如果员工是这种态度，企业还怎么赋能于人？所以，企业到了去改变培训理念和做法的时候了。笔者认为，企业没有培训人的责任，只有为员工创造更多机会的责任。那么，培训到底应该是谁的责任，首先是员工自己的责任，其次是员工上级的责任，但归根到底还是员工自己的责任。

大家不妨设想一下，如果企业发展得好，能够为员工创造更大的并且有吸引力的发展机会和平台，那么，员工要想抓住机会，进入更大的平台，首先要让自己的能力匹配到与相应的机会和平台兼容的程度，如果不兼容，员工自然也就无法抓住机会。如此一来，员工为了实现自己更大的利益，是不是就会主动地不断提高自己的能力呢？

我们的企业也要不断地告诉管理者，赋能于人是管理者的基本使命。管理者只有教会下属应知应会的各种东西，并且让下属有积极的心态投身工作，下属才能各司其职，进而帮助管理者自身实现成功。

笔者认为，只有当员工有清晰的目标，并愿意为之积极奋斗的时候，才会焕发自身学习的热情，否则，无论是企业所为还是管理者平时的教导，仅靠这些外力的作用要达到赋能于人的目的是非常不现实的。只有自身想改变的时候，改变的行动才是有效的，否则，任何的行动都会沦为形式上的东西，没有什么效果。

由此出发，笔者认为，大家耳熟能详的关于人力资源管理的“选、育、用、留”，也必然要进化到“选、用、储”。

首先，好企业没有必要去留人。如果是真正的好企业，一是员工相对稳定；二是一旦需要招人，大家都愿意来；三是好企业通常有专业而系统的人才储备机制。

其次，只要有足够多的人才储备，一旦目标候选人因为能力的欠缺而无法胜任更高岗位的时候，随时有人能够顶替而不至于出现人才的断层。

那么，既然要实施人才储备，企业是不是就应该做好人员培训？其实也没有必要，企业只要做好职业晋升路径的规划，明确各层级的任职标准和考核办法就可以了。员工明确了上级岗位的晋升标准后，如果自己有意愿往上走，就会有目的地去强化自己的能力。一旦员工具备了晋级条件，就可以储备到企业“人才池”中，只有进池的人，才有资格进入上一层级岗位。

这些举措尽管是反常规的思路，但笔者认为，这是赋能于人的唯一出路。如果不能想方设法让员工自己去改变，任何试图改变员工的做法都可能徒劳无益。

绩效管理的进化：从绩效管理走向能效平衡

绩效管理要的是企业绩效，是从企业的层面要求员工做到什么结果。员工处在被支配的地位，只能被动地接受。能效平衡是从员工的层面实现员工的能力成长，进而驱动组织绩效的提升。以能力发展为中心，员工处在主动的地位。

如果只要求绩效的达成，但没有员工能力的成长，那么最终是无法达成企业想要的绩效的。但是如果一味追求员工能力的成长，不能让员工的能力促进组织绩效的实现，那么这种能力的成长也是无益于企业发展的。

因此，绩效管理进化到能效发展是必然的，否则，再怎么强调绩效，都可能因为赋能于人方面的缺失而止步不前。同时，如果不能兼顾能效两者的平衡，企业就有可能投入了成本而收不到效益。

要让绩效管理顺利迭代到能效平衡，就要做到十二个字："以效察能，以能促效，能效共进"。

1. 以效察能

绩效考核中所评定的绩效结果，不应该仅仅当作发工资、发奖金的依据，而更重要的是要据此发现一个人能力的差异。例如，某员工实际产出的绩效和目标绩效之间有差距，这个时候本人及其直接上级就要洞察能力到底差在哪里。

按照正常逻辑，一个人要做成某事，一定要有相应的能力去匹配，如果某些能力达不到，必定会影响到最终的绩效结果。

因此，笔者对绩效管理一以贯之的观点就是，务必要做好绩效分析和绩效反馈，以此来促进员工的能力成长，进而驱动组织发展。

2. 以能促效

通常，一家企业的成立，一要有明确的定位，即做什么，不做什么；二要明确如何开展业务，也就是说要有明晰的业务流程；三要根据流程的关键节点，设立相应的部门，如研发、生产、销售等，同时明确职责和要输出的结果；四要设定对应的岗位，同时明确职责和要输出的结果；五要拥有履职和实现结果的各种能力。

这就意味着，能力必然和绩效直接关联，能力提升了，绩效的实现就有保障了，这就叫“以能促效”。

3. 能效共进

绩效管理在很多企业是以绩效的实现为最终目的，这是没错的，但仅强调这点，显然还不够。绩效管理在企业的推进，一要实现企业绩效，二要能够促进员工能力提升，实现能效共进，两者之间务必要取得平衡。

要达到能效平衡，需要围绕以下四个方面做好工作：

第一，人才标准。

要根据企业定位和发展战略，构建企业各岗位的人才标准。人才标准的构建要围绕“愿力”和“能力”两条主线展开。

“愿力”线要考虑价值观、职业兴趣以及与上司的相容度三个方面，这三个方面中的任何一项有欠缺，都会影响员工对工作投入的意愿度，从而影响员工的工作激情。

“能力”线要考虑知识和应用技能两个方面，知识是硬件，应用技能是软件。如销售人员要掌握的知识有销售管理知识、产品知识等，要具备的应用技能有人际交往力、成就动机、环境应变力、情绪稳定度等。光有知识，而缺乏应用技能，或具备应用技能，但没有掌握相应的知识，都会关系到员工在这个岗位上“能不能”的问题。

人才标准只有解决了“愿力”和“能力”两方面的问题，才是专业科学、结构严谨的人才标准。

第二，人才测评。

人才标准最终要用来衡量岗位的任职者是否达标，并据此做出能力发展的规划和行动，否则，单纯建立人才标准是毫无意义的。

这就要求人才标准一旦建立，就要能据此准确地评估岗位任职者达标与否。所以，人才测评的引进是必要的。不然，光靠人的主观判断，难免会有偏差，从而影响评估质量。

根据上述人才标准构建的思路，要准确地测出人的价值观、职业兴趣、与上司的相容度和胜任素质，可以通过专业的人才测评软件。当然，对知识掌握度的判断，通常还是需要通过笔试或面试的方式来获得。

第三，人才盘点。

人才盘点一般放在年末或特定时刻（如中层竞聘）进行，通常看两个方面：一看人岗匹配度，二看绩效结果。人岗匹配度盘点人的能力；绩效结果盘点人的价值贡献。盘点的结果通常会应用在人员晋级、人才规划与储备、人才发展、接班人计划、转岗等具体决策上。

第四，人才发展。

人才发展一般有上岗培训、适任培训和发展培训三个层面。

上岗培训通常对应岗位职责进行，即在员工上岗前对其履职所应知应会的内容进行培训或指导，目的是让其快速进入岗位。

适任培训对应人才测评结果而展开，即通过人才测评发现在岗员工具备什么条件，不具备什么条件，然后针对不具备的内容缺什么补什么，因材施教，目的是让员工从不行向行转变。

发展培训主要对应人才盘点结果而进行，针对对象是完全胜任本岗要求，可以往上晋级的员工，用上一级岗位的人才标准对其进行评估后，对欠缺的部分进行补强，目的是进行人才储备，保证企业的人才供应。

企业如果能做到上述四个方面的内容，并持之以恒地坚持执行的话，那么，赋能于人，并且通过一群有能力的人驱动组织发展就不是一个梦想了。

总而言之，未来绩效管理的设计：一是围绕战略目标，强化过程管控、考核分析、激励改善的闭环运作，让绩效目标得以层层分解落实，并最终到位地达成；二是围绕赋能于人，强化从人才标准、人才测评、人才盘点到人才发展的闭环运作，让人的能力得到提升，从而驱动组织发展。

只有能效达到了平衡，企业像重视绩效增长一样去重视人的能力增长，绩效的实现才有保障。也只有如此，绩效管理才是真正意义上进化和迭代到了能效发展体系。这样的体系，无疑对企业的发展更具有战略价值。

企业用 MBO 好，还是 OKR 好？

人力资源管理的江湖很乱

微信群里有人问 MBO 和 OKR 的异同，并点名要笔者回答。对这个问题从专业的角度去理解，无可厚非，但从经营的角度非要弄个水落石出，好像没必要。因为老板并不会关心 MBO 好还是 OKR 好，无论是什么，只有能帮助企业赚钱的，才是真的好。

我们说，人力资源管理部一定要能成为企业的战略伙伴，通俗点理解，就是要帮助老板成功。在《新九段 HR，你在哪个段位？》一文中，有句话挺打动笔者："HR 技术越来越少，距离管理的本质越来越近。"

真正的高手都是能抓住本质规律，一眼可以洞穿各种眼花缭乱的概念背后真正的东西，化为己用，并能用非常通俗的语言告诉相关者，让大家轻松理解后予以落地。只有初入门道者，才会如饥似渴地去研究 MBO、OKR、KPI 等这些东西的异同，最后可能就是为了拿去唬人。唬人不要紧，关键是很多人自己都没有搞清楚，结果越绕越晕，不但自己晕，别人也晕，晕到最后，什么东西都落不了地。为了挽回自己的面子，这些人又给这些概念杜撰了很多莫须有的罪名。

因此，江湖很乱！

从专业的角度去理解人力资源管理很容易，无非是多看点书；从经营的角度去理解人力资源管理很难，因为不是看书就能明白的。

MBO 和 OKR 的异同

言归正传，MBO 和 OKR 有何异同？以下是标准的专业语言：

1.MBO，全称是 Management by Objectives，即目标管理法

目标管理倡导组织成员参与工作目标的制定，实现自我控制，并努力完成工作目标。它先由最高管理者提出组织在一定时期的总目标，然后由各部门和员工根据总目标确定各自的分目标，在获得适当资源配置和授权的前提下，积极主动为各自的分目标而奋斗，从而使总目标得以实现。

目标管理主要关注目标制定。由于有明确的目标作为考核标准，所以对员工的工作成果进行评价就能够做到更加客观合理。目标管理的优势在于任务目标明确，评价依据合理；劣势在于只重结果，不问过程。

目标管理的实质是目标绩效导向的自我管理，目标体系、有效授权、双向沟通、自我激励是其构成要素。

2.OKR，全称是 Objectives and Key Results，即目标与关键成果法

它是一套定义目标和跟踪目标及其完成情况的管理工具和方法。最早是由英特尔公司在 1973 年发明，不过 OKR 在英特尔公司被称为目标式管理（Intel Management by Objectives，IMBO），其核心是“以制度来要求每个部门甚至每个员工，每一季度都要设定工作目标和主要成果，同时对每个工作目标都要有明确的评估方法。在每季度结束后，公司都会评估每位员工是否确实完成了每项工作，是否达成季度目标。在目标式管理中，最重要的是要有成果管理的观念，也就是强调确实、可量化的方法，以此鞭策员工专注于应该达成的目标，而不要沉溺于过程中琐碎的事件，疏忽最终结果，避免犯下‘只见树木不见森林’的毛病”。后来，这套管理体系因被推广到谷歌而逐步流传开来，并被广泛应用于 IT、风险投资、游戏等以项目为主要经营单位的企业。从 OKR 的定义和核心可以看出，OKR 实际就是 MBO 的延伸。

OKR 的理论来源实际是关于人性假设的 Y 理论，即人生来是主动的、积极的，也愿意承担责任。因此，OKR 在实施过程中很重视员工的参与程度，如在目标确定的过程中，上级只是将目标告诉员工（员工也可以主动查阅上级的目标），而不需要告诉员工具体实现目标的措施和方法。员工在知道目标后，可以根据自己的分析和对信息的掌握，自行列出措施和方法并与上司或同事讨论，最后形成完成目标的方案。在执行过程中，员工可以根据情况的变化，在确保目标不变的情况下对方案进行调整。这样就极大地将员工的工作积极性和参与度调动起来，员工会产生“我的地盘我做主”的自豪感。

OKR 要求公司、部门、团队和员工不仅要设置目标，而且要明确完成目标的具体行动。可见，OKR 既关注结果，也强调过程。

光研究概念对经营不会有太多的帮助

对于 MBO、OKR、KPI 等概念，咨询顾问、专业人士等有必要去了解甚至深入研究，但对企业运营而言，说到底要有现金流、要有收入、要有利润，无论什么概念，只要用到企业运营，那就必须为收入和利润服务，否则再好的理论和概念都是白搭。

抛开 MBO 与 OKR 的异同，实际上，在企业运营中有两件事是一定要做到的。

第一件事是围绕战略愿景规划目标结果。例如，销售收入、利润、质量、客户满意度等。

第二件事是围绕目标采取行动策略。例如，要让“客户满意度”达到 90%，那么相关部门和相关岗位就要清楚到底采取什么行动好。

如此，有清晰的目标，并且有配合目标完成的行动，必然会形成强效的执行力，推动企业的发展进步。但现实中，相当一部分企业的目标规划是不清晰的，走一步算一步；另外，相当多岗位的任职员工每天不是为经营目标的实现而努力，纯粹是为了做事而做事，尽管很忙，但几乎是瞎忙，徒劳无功。

只有“力出一孔”才会有强大的战斗力，但若不知“孔”为何物，“力”也只能乱出。如果企业的发展完全寄望于投机、融资，怎么可能有未来的光辉前景？

要有“果”的实现，一定要有“因”的到位，对因果的认知和行动在我们这个民族其实是根深蒂固的。所以，不要认为英特尔公司提出并践行了目标式管理（OKR），我们才后知后觉地跟着有样学样。大量优秀的中国企业早就有了“既要结果，也要管控过程”的实践，只是没有去刻意制造概念罢了。

人力资源管理如何为经营服务？仅就目标落地和实现而言，假使人力资源管理有“战略澄清”能力，能从专业的角度帮助企业厘清目标规划，并有勾勒“行动计划”的工具，能帮助各部门和各岗位围绕目标明晰行动计划，同时辅以人才配置、激励手段、能力管理等，让大家使命必达，则人力资源管理的价值就凸显出来了。

而这一切，与概念无关！

做好绩效管理的三个基本点：思维、人员和机制

企业为什么要做好绩效管理？

企业为什么要做好绩效管理？这个问题貌似毫无新意，但是细究起来，这个问题背后的很多事实却让我们惊讶。绩效管理并不是什么新鲜的东西，但为什么要做？有多少企业又是在曲解？

笔者敢肯定地说，10家企业中，有8家企业在做绩效管理的时候，其思维和做法还停留在考核评分这个层面，最终就是为了发工资、分奖金。

结果呢？几乎每家在做“绩效管理”的企业，大部分人都认为“考核就是为了扣工资”，而管理者也就是评估者为了不得罪人，几乎都是睁一只眼闭一只眼地应付着评分，结果是你好我好大家好，考核成了一种走过场的分数游戏，考了等于白考，瞎折腾。

索尼前董事天外伺郎在2012年发表了一篇颇有影响力的文章《绩效主义毁了索尼》，难道真的是绩效主义毁了索尼吗？其实，答案并非如此肤浅。

绩效主义并没有错，因为任何公司的经营目标都是要创造“可持续的卓越绩效”，否则就不是公司了。“绩效”就是盈利和投资回报；“卓越”就意味着优于行业平均水平，高于竞争对手；“可持续”则是指长期盈利，这些都是绩效主义的体现。所以，并不是绩效主义毁了索尼，而是没有搞明白为什么要开展绩效管理的绩效主义毁了索尼。

从天外伺郎的文章中我们可以知道，其所谓的“绩效主义”，一是过分地将注意力引导到为了利益的分配而做考核；二是强调个体英雄而非团队协作；三是固守目标而不懂变通。

其实，这些都是绩效管理的大忌。那么，什么样的绩效管理才是正确的?

笔者认为，只有能够驱动企业实现战略目标，并促进人的成长进步的绩效管理才是正确的，并非是打分打得客观，分配分得公平。当然，这些无疑也是重要的，但它不是目的，而是手段。为什么很多企业的绩效管理不成功，就是因为错把手段当作了目的。

那么，企业为什么要做好绩效管理呢？主要从三个方面进行考虑：

1. 战略层面

绩效管理对于员工的行为有很强的导向作用，企业可以将公司的战略目标融入绩效考核中，使公司的战略得到实施。

通过对部门或个人业绩目标的明晰，可以将公司战略目标层层分解落实，避免战略落不了地的尴尬；通过对个人或部门业绩的考评，可以了解他们对战略目标的贡献程度；通过对目标和实际结果之间的差异进行分析，查找影响目标达成的内外部因素，可以及时调整行动策略，推进企业目标的实现。同时，将个人目标和企业的整体目标加以协调和相互联系，可以增强员工的工作成就感，提高组织成员的士气，进而促进整体业绩水平的提高。

2. 管理层面

管理的主体是管理者，管理者最重要的使命是赋能于人，通过团队之力来达成组织目标。管理者通过目标的分解，可以使责任落实到每一个人；通过对下属的工作业绩进行考评，可以正确了解本部门人力资源的现状，做到心中有数，更好地指导员工成长。许多员工遭受挫折和失败经常是由于他们搞不清楚组织希望他们怎么做，他们花了很多精力做他们认为该做的，而不是和企业经营目标紧密相关的正确的事。而绩效管理架起了上下左右沟通的桥梁，排除了很多不必要的误解，大家都能走正道、做对事，也由此改善了上下级的关系。

3. 发展层面

随着社会的发展，在当前，企业不仅仅是员工谋生的场所，更是员工实现自我发展的场所；员工不仅仅是为了获取劳动报酬，也有更高的被尊重和自我实现的需要。在绩效管理中，通过对目标和实际结果之间的差异进行分析，可以更精准地发现员工的优势和短板，从而让管理者和员工本人更好地发挥优势，补强短板，促进自身素质的不断提高。

在个人层面，通过工作业绩的考评，对先进的加以肯定，对落后的加以鞭策，激励士气，可以使大家更热情地投入工作。当人更多地倾注于工作的时候，工作对人最直接的回报就是让工作着的人积累了经验、增长了才干，从而真正做到了赋能于人，让人自身得到了发展。

在企业层面，也可以通过对经营目标完成度的分析来发现影响绩效目标达成的障碍，然后通过不断地突破这些障碍，来驱动组织自身的进步和发展。如果绩效考核是回头看，那么绩效管理一定是往前看的，是以“发展”作为根本驱动因素的。无论是组织还是个人，只有看得远，才能走得远。

做好绩效管理的三个基本点

第一点：要倍增业绩，先要改变思维

一个人成就的高低，不会超越他的思维高度。思维模式非常重要，任何创新和改变，首先都是思维的改变。

我们每个人在成长的过程中都会形成一套自己的思维模式，这套模式就像一个无形的框架，约束着我们的行动。所以，一个人的框架有多大，他的世界就有多大，成就就有多大。

每个人的思维模式都和别人的不一样，不同的人对世界有不同的理解和认知。回想一下这些年，可能仅仅因为我们彼此的思维模式不一样，就造成了许多矛盾和摩擦，给自己制造了许多局限。

因此，不要被内心的框架锁住。如果你的世界充满了限制，不妨打破框架，或者换一个框架，从而换一个世界。

一个人要想有所突破，就必须拓展自己的地图，去寻找新的资源，为自己的前进寻找新的动力。成功者必是善于打破思维框架的人。

同样的道理，为什么很多企业推行绩效管理不成功，原因就在于思维还停留在“绩效考核”的框架中。

绩效考核背后的逻辑是什么？首先是企业要有收入，而收入需要靠全体员工的全力以赴，要保证大家全力以赴，就要奖勤罚懒，而要发现勤劳的和懒惰的，就要通过考核评价。

逻辑是没错的，但没有考虑到我们中国人特别讲究人情的特点。明明知道你在偷懒，明明知道其实你做错了，但要扣你分数、扣你工资和奖金的时候，十有八九，老好人念头就冒出来了，不愿得罪人的态势就出来了，以至于最后你好我好大家好。如此，勤劳的没有奖赏，偷懒的也没有被惩罚。本来考核是为了焕发人的积极性的，这样一来反而抑制了人的积极性。

显然，传统绩效考核的这个框架违反了人性，阻碍了我们达到绩效结果。要做好这件事，没有第二条路可走，首先必须打破框架，摒弃绩效考核思维。只有换上新思维，才能迎来新世界。

绩效管理的新思维有三点：

1. 战略驱动的思维

我们在企业做任何事，都要能够帮助企业实现经营目标，实现企业的战略愿景，否则，为什么要去浪费时间呢？绩效管理也是如此，做绩效管理的任何环节时，包括绩效规划环节、过程管控环节、考核分析环节和激励改善环节，都要想想，这样做到底对驱动企业战略目标有什么帮助，一定要保证做对的事情。华为的任正非主张有效劳动和创造性工作。有一次有人说了一句“没有功劳也有苦劳”的话，立即被他一通猛批：“今后不准再说这种屁话，什么叫苦劳？苦劳就是无效劳动。无效劳动就是浪费，我没有让你赔钱就不错了，还胡说什么功劳。”的确如此，如果无法找到绩效管理驱动战略目标实现的逻辑关联，我们宁愿暂时不做，否则花了力气还不一定能有收获。要能找到其中的逻辑关系，人力资源管理部门特别是各层级管理者，在绩效管理的运作中一定要能掌握四个基本能力。

第一个能力就是战略澄清和战略规划能力。如总经理说：“围绕我们的企业愿景，2018 年我们的产值要递增 30%，达到 1 亿元。”那么围绕 1 亿元目标的达成，研发部门要做好什么？生产部门要做好什么？销售部门要做好什么？行政后勤部门要做好什么？每个掌管一方的管理者都要很清楚。例如，具体到销售部门，要帮助企业达成 1 亿元目标，必须做好：①开辟至少 4 个新渠道；②老客户的保留率应达到 80% 以上；③进行销售激励制度的优化；④到位大区经理 5 位，区域经理 6 位，销售人员 10 位；⑤对三年以上的销售人员进行大客户获取能力提升的培训，对新入职及入职三年以内的销售人员进行产品知识、销售知识等方面的培训；等等，这就是战略澄清。对于“开辟至少 4 个新渠道”这项战略澄清，必须进一步解构为：什么时候开辟，具体行动策略是什么，完成的时间和结果是什么，由谁来负责。其他的战略澄清也要逐一地进行这样的解构，这就叫战略规划能力。

只有首先掌握了战略澄清和战略规划能力，通过绩效管理驱动战略的实现才有基础保障。

第二个能力是过程管控能力。如果目标分解下去后，管理者就转身忙自己的事去了，等到考核的时候再来判定下属有没有达到目标，达到了奖励，达不到扣分，则这样的管理者是典型的不作为。首先，管理者是带领大家完成团体绩效的，而不是去做裁判的；其次，如果等手下做错了事，管理者才去发现，才去扣分，那么管理者如何能够带领手下去完成企业战略目标呢？

如上面所举的例子，总经理说要完成1亿元的销售目标，销售经理也就此做了战略澄清和战略规划，但到考核期了才发现新渠道的开发才完成不到50%，这个时候，销售经理再怎么咬牙切齿去扣别人的分数，能扣出新渠道开发任务100%的落实吗？能扣出企业实现1亿元目标的战略绩效吗？

显然，没有过程管控能力的销售经理，是无法胜任管理者一职的。这就要求管理者将目标任务分解到位后，进行专业的过程管控，通过纠偏、激励和培训，将问题消灭在萌芽状态，而不是等问题出现了再去问责。

第三个能力是绩效考核和绩效分析的能力。光给部门和员工打多少分数是不可取也没有意义的，所以考核不仅仅是评分，而是要通过考核来发现目标和实际之间的差异，这是第一步。第二步，要对差异进行分析，如果超过了目标，要思考原因是什么，能不能把这种优势沉淀下来，变成组织能力；如果未达到目标，要分析原因是什么，该如何改善才能保证下一次达成甚至超越目标。第三步，要进行绩效面谈，与员工达成共识，采取行动，解决问题。

如上述所举的例子，若销售经理发现销售人员新渠道的开发才完成50%不到，那么就一定要分析原因，找到改善的对策，并通过绩效面谈与员工达成一致，直到100%地完成渠道开发任务为止。

第四个能力是绩效分配能力。华为对管理者最基本的要求是“要会分钱”，也就是华为所倡导的“绝不让雷锋吃亏”。如果干多干少干好干坏一个样，势必会导致干多干好的人不愿意干了，干少干坏的人更不思进取了。如果一个团队是这样的一种风气，大家都不愿意干，目标怎么能完成？

就好比上述所举的例子，销售人员没有完成渠道拓展的目标，如果销售经理只是口头上批评两句，甚至连批评都没有，更谈不上扣钱的话，换成你是销售人员，会有压力和动力全力以赴地达成100%的目标吗？

所以，就这点而言，分钱的能力也是管理者最基础的能力之一。但可惜的是，很多管理者并不明白此中要义，否则就不会出现你好我好大家都好的组织乱象了。

2. 赋能于人的思维

一个人能否达成甚至超越绩效目标，首先取决于这个人愿不愿意去做和有没有能力去做，倘若这个人有心无力或有力无心，均会影响到这个人在岗位上最终目标的达成。

如果说绩效目标是果，那么员工身上的愿力和能力就是因，没有因哪有果呢？所以管理者首先要能调动员工的积极性，并且让员工具备胜任的能力。而这个过程其实就是管理者赋能于人的过程，由此也可以看出赋能于人必定是管理者最重要的职责之一。

管理者如何做到赋能于人？首先，在角色认知上要从“领导者”转型到“教练者”，要成为绩效教练。其次，要能掌握赋能于人的方法，在绩效管理体系中通常有三个步骤：第一步，进行绩效分析，从员工动力、员工能力及公司引力三方面去分析导致绩效差异的原因；第二步，与员工达成共识，并拟订改善的行动计划；第三步，做出改善的行动。

从更大的范围来看，管理者的赋能于人有四个方面的工作：①建立或知晓人才标准；②进行人才测评；③进行人才盘点；④做好人才发展。

3. 极度利他的思维

每到年底，管理者都要对员工进行绩效考核，结果呢？

员工发现辛苦一年下来，绩效很难拿到100分，被扣分后奖金不如预期，心中不爽。

管理者在考核的时候，发现员工未达到绩效目标，要扣分数，心中会承受很大压力。而且员工绩效未达成，部门目标也会受影响，管理者面临着被上级责罚的后果，心中也是不爽。

经营者到最后发现该扣的扣了，该奖的奖了，但业绩照样达不到理想的目标要求。那么，作为经营者心中又会爽吗？

既然企业是在运行一套谁都感觉不爽的绩效考核制度，那么，是不是该把这样的制度坚决地扔到垃圾堆里去呢？

为什么设计出来的制度谁都没有从中得到真正的益处？根源就在于制度少了“利他”的灵魂。

所以，绩效管理体系的设计要能有“利他”的思维，甚至是“极度利他”的思维。为什么要强调“极度”，因为凡事做到极致，最后才能真正出彩。

绩效管理如何有利于经营者？要让绩效管理体系真正帮助企业经营者实现战略目标，就要求绩效管理的运作能完整地建立绩效规划、过程管控、考核分析和激励改善的闭环。通过这样的闭环运作，可以让企业内所有员工的行为都能聚焦到驱动战略目标实现的层面上来。

绩效管理如何有利于管理者？一要帮助各位管理者更好更高效地达成分管组织的绩效目标；二是帮助管理者真正掌握职业化管理者要掌握的基础技能。而如果真正将绩效管理的绩效规划、过程管控、考核分析和激励改善这一闭环运作到位，恰恰可以帮助管理者在上述两个方面取得成功。

绩效管理如何有利于员工？一要保证员工尽可能不被扣钱；二要能实现员工自身的身价增值。要做到这一点就要借助绩效管理系统，让管理者和员工强化对目标的定位和管控，常态化地进行绩效分析、反馈和改进。如此，员工将会更好地完成目标，并在这个过程中进一步累积自己的职业能力，实现职业资本的倍增。

假使人人都能从中得到好处，则不仅是利他思维在实践中的体现，更是保证体系成功推行的重要因素。

第二点：人就是一切，千方百计找到对的人

任何企业的发展都是建立在有效达成绩效目标的基础之上的，如果设定的绩效目标实现不了，企业的发展又从何谈起呢？

因此，长期以来，企业所设定的制度、体系以及管理者的行动都以绩效为导向，这是应该的，也符合商业本质。不过，绩效是“果”，有“因”才有“果”，“因”一定在“果”的前面，没有前面这个“因”，后面的“果”要实现是十分困难的，甚至是不可能的。那么，“因”是什么呢？毫无疑问是对的人。

例如，电力公司有一项绩效指标是售电量，如完成 5 亿元的售电量，那必然有前置指标在支撑，如线损率应控制在 3‰以内；要降低线损率，前面必然要有一项行动策略，即每天要有班组人员实施定时定点的线路巡视，巡视的过程中免不了是要爬电线杆子的，如果履行这项职责的人恰恰腿有残疾，爬不了电线杆子，那么会引发什么后果？

所以，人不对，绩效目标再清楚，行动路径再明确，绩效管理整体运作再到位，都是没用的。那么，何谓对的人？

第一，价值观要对。

价值观有社会层面的价值观、企业层面的价值观和职业层面的价值观三个部分。

社会层面的价值观包括敬业、责任、诚信、担当、协作等，应找到在这些方面充满正能量的人，这是用对人的基础。

企业层面的价值观与企业的发展阶段是有关系的，如企业在创业初期时，因为没有多少现金流，可能面临的一种状况就是人要多干，但不一定就能多拿，所以，这个阶段对应的价值观是“奉献”。倘若一个人的价值诉求是干多少活必须拿多少钱，则显然这个人的价值观和企业的价值观不兼容，这样的话，即使这个人能力再高，也不太可能为企业所用，尤其是为企业长期所用。

职业层面的价值观与职业特性是相对应的，如空姐和护士要具备

“仁爱”的价值观，研发人员要具备“创新”的价值观，会计要具备“诚信”的价值观。

第二，职业兴趣要对。

耶鲁大学有一位终身教授叫陈志武，他有一个观点，笔者非常认同，他认为：如果一家企业的员工都对自己的定位很清楚，对自己的职业兴趣很明确，而另一家企业的大部分员工对自己的定位不清楚，对自己的职业兴趣是模糊的，那么，后者一定无法与前者竞争。企业如此，国家也是如此。

当前我国为什么是人力资源大国而非人力资源强国，原因固然有很多，但其中的一个重要原因是相当一部分人搞不清楚这一辈子到底要什么，自己感兴趣的是什么，应该往哪方面去发展，因为很茫然，所以蹉跎了岁月。如果人是为了兴趣而工作，则无论男女，内心一定是快乐的，而快乐的人投入工作的时间和茫然的人、不快乐的人投入工作的时间，一定是不一样的。

快乐的人每天工作 12 小时还乐此不疲，而不快乐的人每天工作 8 小时就可能叫苦不迭，甚至充满了抱怨、推诿和指责。这两种人，谁能创造高绩效呢？这样一分析，答案就出来了。一分耕耘，必定会有一分收获。不投入或投入不够，收获从何而生呢？

第三，一定要与上司相容。

如果一个人与上司不相容，互相看不上对方，就无法形成合力，只能内耗，这样必定影响到绩效的最终达成。

与上司相容，首先是两个人的价值观要能匹配，如都是有责任心的人、都是包容大度的人等。其次是脾性和技能要能互补，如一个外向，一个内敛；一个善言，一个善行；一个懂营销，一个懂产品。如此这般，就会产生“1+1>2”的效果，凸显团队的力量，进而实现目标。

第四，一定要具备相应的知识。

这一点是毋庸置疑的，如做财务的人一定要具备财务知识，做营销的人一定要懂营销知识，做人力资源管理的人一定要有人力资源管理知识，否则，会直接影响到工作的数量、质量和效率。

第五，要具备应用技能。

例如，一位中层经理即使具备了上述四个条件，也不一定可以胜任中层经理。如果他缺乏领导管理力、人际社交力、沟通协调力等应用技能，是不可能做好中层经理的。

上述所讲的五个方面中，价值观、职业兴趣、与上司的相容度会影响到一个人对工作的意愿度；专业知识和应用技能会影响到一个人对工作的能力度。有意愿没有能力，或有能力但没有意愿，最终都会影响到绩效目标的达成。

因此，要达成绩效，首先要把人选对。

第三点：建立激发潜能的机制，让人绩效倍增

绩效最终的产生不是靠人的引导和激发，而要依靠机制。格力的董明珠曾明确说过，格力最强大的是机制，因为机制，格力可以让三流的人才创造一流的业绩。

企业应该具有什么样的机制才能激发人的潜能，让人绩效倍增呢？

第一，要有价值创造机制。

这是保证一家企业正常运营的基础机制，主要回答三个方面的问题：①创造什么价值；②如何评估价值；③如何进行价值分配。

创造什么价值？应明确做什么事、做到什么标准、如何做，从而让企业的所有员工在任何岗位都能依据标准和流程规范地履职，实现岗位明职责、做事遵规范、结果有标准。

如何评估价值？应明确谁来评、怎么评、何时评的问题，从而客观、公正、准确地区分谁干得多、干得好，谁干得少、干得差，绝不让雷锋吃亏。

如何进行价值分配？决定分配的是规则而非拍脑袋，对工资如何定、奖金如何发、如何调薪、人员应该怎么晋级等，一定要建立相应的游戏规则。

第二，要有人才供应机制。

价值创造机制再明确，但是缺人或者人在岗位而能力不到位，那也是白搭。因此，人才供应机制要能专业而有效地跟进，这部分要明确：①关键岗位和关键人才的识别问题；②关键岗位人才的管理问题；③人才规划与发展问题。

什么叫关键岗位？即一旦岗位的事情出错，会直接影响到经营目标且招聘或培养的成本比较大的岗位。什么叫关键人才？即在关键岗位上人品和能力都过硬的人才。

对关键岗位的人才进行管理，首先要明确人才标准；其次要能对在岗人员进行人岗匹配度的测评和人才盘点；最后要根据测评和盘点结果，进行人的能力提升及精准使用。

要依据经营规划做好人才规划，人才的内外发展举措要齐头并进，确保关键岗位的人才始终保持供应而不至于出现断层。

第三，要有文化引导机制。

如果说企业的制度能保障人最低限度地做事，那么，企业的文化必定能激励人全力以赴地做事。一家企业的文化能不能引领员工全力以赴，有三个核心要素需要我们一起去审查和完善。

一是企业的价值观。企业倡导什么、反对什么，一定要能书面化地明确，并用各种形式宣贯到位。

二是价值观审查。要审查企业运行机制和员工言行是否都遵循企业价值观。

三是管理者的表率。企业文化要落地，管理者首先要能做出表率。如果管理者阳奉阴违，企业文化便会沦为形式。

绩效目标的制定与分解

本文围绕绩效目标的制定和分解，将分六大部分进行阐述。

第一部分　战略管理的过程

首先，本文将简要说明一下战略管理的过程，通过这个部分的说明，可以让大家对绩效目标的制定和分解所处的位置有一个清晰的认识，从而更好地做好绩效目标的制定与分解。

众所周知，一家企业也好，一个人也罢，要想有一个好的前景，必须能洞悉未来的方向，以把握当下。如果方向不清，现在再努力，明天也会倒下。这种例子不胜枚举，如柯达、摩托罗拉等著名企业曾经遭遇的“滑铁卢”。在企业运作中，方向又叫战略，它旨在回答我是谁、我要去哪里以及如何去的问题，然后结合企业内部的优劣势与外部的机会和威胁，制定行动方案，以帮助企业从目前的位置到达它希望到达的位置。

一般而言，战略管理的过程包含六个步骤：

第一步，界定企业的愿景和使命。具体来说，就是企业的定位和要销售什么产品，把产品卖到哪里去，以及企业的产品和服务与竞争对手有什么区别。

第二步，进行企业外部和内部分析。几乎所有涉及战略管理的企业都会进行优势、劣势、机会及威胁的分析（即 SWOT 分析），以明确当前的业务重点，发挥业务优势，把握机会，促进发展。

第三步，制定战略目标。进行 SWOT 分析之后，企业要能回答清楚三个问题，即我们将要销售何种产品、我们将在何处销售这种产品、我们的产品或服务怎样才能与竞争对手区别开来，并且要将这些内容用具体的目标加以明确。例如，我们要以“质量第一”的竞争优势与竞争对手区分，但“质量第一”是什么呢？要转化为具体的目标，如福特汽车“每万台车辆中存在的初始缺陷不超过一处”这样的清晰目标。

第四步，制定行动策略来实现战略目标。例如，为了实现“每万台车辆中存在的初始缺陷不超过一处”这一战略目标，福特汽车公司的行动策略是：①新建两家采用高科技的汽车生产厂；②减少汽车生产线的数量，集中于少数几条生产线；③与以高质量闻名的丰田汽车结成战略伙伴关系。

第五步，执行战略。目标与行动策略一旦制定完成，企业必须保证这些都能通过部门和岗位最终达成。这个时候，建立完整的绩效管理闭环（包含绩效规划、过程管控、考核分析、激励改善四大环节）就显得非常重要。如果没有实现这个闭环的运作，企业将很难形成强大的执行力，从而无法保证将战略执行到位。

第六步，评估绩效，以调整和优化战略方向。在实践中，战略并非总能按照计划按部就班地实施。例如，若干年前，福特汽车公司收购了捷豹和路虎两个汽车品牌，以改变其对低利润汽车形成的依赖。然而，由于汽车行业的竞争日益残酷，福特汽车公司在 2009 年宣布，决定将捷豹和路虎两个汽车品牌售出，从而将其有限的资源集中于工厂的现代化以及扭转公司在北美市场上的不利经营态势。正如其他公司一样，福特汽车必须不断地对自己的战略决策进行评估以调适方向，增强竞争优势。

上述战略管理过程的六大步骤，让我们很清晰地看到绩效目标的制定和分解在其中的位置。可见，一家企业的绩效目标制定和分解工作要能做好，前面必须有愿景和使命，并在 SWOT 分析下明确当前业务重点；而后面必须要有执行目标的绩效管理手段和对整体绩效的评估。它是一个完整的过程，如果仅仅是设定绩效目标，那是毫无意义的。

第二部分 为什么绩效目标的制定和分解对所有管理者来说都很重要?

当代管理大师彼得·德鲁克曾经说过："管理是一种执行的责任。"他的这句话说明的一个道理是：在对一位管理者进行评估的时候，至少会有这样一条标准，即管理者在多大程度上实现了本单位需要达成的目标。组织存在的目的就是为了达成某些目标，如果这些目标没有实现，则从某种程度上说明这个组织是失败的。而所有这些目标的实现，都有赖于管理者如何作为。

无疑，管理者在这个层面上最重要的作为就是要建立"承上启下"的目标链。所谓"承上"，就是必须明确组织发展目标，这是工作的方向，含糊不得。如果管理者在方向不明的情况下带领一班人埋头苦干，有可能辛辛苦苦做出一堆错事，这样累死了也是白搭。所谓"启下"，就是要将部门的目标零距离无障碍地传递到每一个岗位的员工身上，做到"千斤重担人人挑，人人身上有指标"，通过岗位上每一位员工的努力产生合力，最终"众人拾柴火焰高"，很漂亮地达成部门目标。

例如，总裁说："在 2018 年要实现销售收入翻番，达到 2 亿元。"这时销售副总裁就要制定详细的目标："实现华东区、华南区、华中区的销售收入翻番。"生产副总裁要制定以下目标："在工厂中新增一条生产线。"人力资源副总裁要制定以下目标："招聘并培训 10 位新的销售人员。"以上这些副总裁所设定的目标，就是根据总裁提出的企业总体目标而来的，这就叫“承上”，实现了这点，工作也就有了方向，从而保证将事情做正确。但是，光有部门目标还不行，还要“启下”，就是要将目标分解落实到具体岗位的任职员工肩上，如人力资源副总裁要将“招聘并培训10位新的销售人员”的任务分配到招聘经理和培训经理身上，招聘经理的任务是“找到并吸引至少20位优秀的销售岗位求职者，以供筛选”，培训经理的任务是“培训10位新到岗的销售人员，并且在上半年内重新培训其他所有销售人员”。

一旦岗位任职员工的任务明确了，各层级管理人员就要进入绩效管理的闭环运作（包含绩效规划、过程管控、考核分析和激励改善四大环节），以确保每个岗位的人员都能得到资源支撑、能力提升，保证最终绩效的达成。

事实上，依靠这种办法，企业管理层就建立起了上至组织最高领导，下至一线管理人员和普通员工的目标层级链。若每一层级的目标都能按时保质地完成，企业的整体绩效就能得以实现。笔者可以非常肯定地说，如果一个企业的最高层没有建立这样一个清晰的战略规划，企业内各层级的管理人员没有掌握“承上启下”建立目标层级链的技能，具体干事情的人一定会一头雾水，茫然无措，从而影响组织绩效的达成。

因此，绩效目标的制定和分解对所有管理者而言极其重要。在这点上，管理者要做到：

（1）设定组织目标。高层管理者确定基于企业战略的经营目标。

（2）设定部门目标。各个部门负责人及其上级要共同确定能够支持经营目标实现的部门目标，并由部门负责人将部门目标展示给员工，同时要求所有的员工据此制定他们的个人目标。

（3）设定个人目标。管理者审核并与员工共同确定个人目标，这些目标都有具体的实现时限。

（4）推动绩效管理系统的运作，以达成目标。也就是要将个人目标转化为阶段的行动策略规划，并跟进过程管控，阶段性地开展绩效考核与分析，进行激励和改善。要为员工提供资源支持，提升员工能力，促进员工实现目标。

在整个环节，管理者应当扮演好经营者、教练者、评估者和实施者的角色。

（1）经营者：建立目标层级链，并带领团队成员完成目标。

（2）教练者：通过过程辅导、绩效面谈等形式，帮助员工提升工作能力。

（3）评估者：对员工的工作做出评估，并将评估结果与激励机制挂钩，以促进员工全力以赴。

（4）实施者：承担员工无法完成及必须由部门经理全力以赴去做好的事情，如跨部门的横向协作等事宜。

第三部分　绩效目标从何而来？

一般而言，企业绩效目标的制定主要有两种方式：

一是根据企业战略设计绩效目标。这是较为常见的方式，主要是根据企业的战略目标，对企业的战略进行分解，明确企业的一级指标——公司层面的绩效指标，再据此对指标进行分解，明确二级指标——部门层面的绩效指标，再层层分解，直到明确各岗位的绩效指标。

二是根据岗位职责设计绩效目标。这种方式实际上是根据各岗位的关键职责建立绩效指标库，并在考核中具体选取部分关键指标。

这两种目标设计方式各有利弊：

第一种目标设计方式更加有利于公司战略的落地，可以保证公司层面的经营目标向各层级岗位层层分解，是压力传递的过程，但是这种方式可能无法保证指标设计的全面性，尤其对于那些与公司战略联系不够紧密的岗位而言，可能出现无法找出其具体指标的情况。

第二种目标设计方式由于是根据岗位职责来建立指标库，必然可以保证指标的相对全面性，但是如果仅仅从岗位职责的角度来设计指标，常常会出现指标与战略联系不够紧密的问题，也很难实现公司战略目标的层层分解与压力传递。

既然这两种方式都有利有弊，那么，很明显，最为有效的指标设计方式是两者的结合，也就是根据岗位职责建立指标库，并根据战略明确具体目标。

对于大多数岗位来说，根据岗位职责建立指标库基本可以保证指标的全面性，但是也可能有部分指标很难从岗位职责设计而来，这个时候就要通过战略来增加部分指标。当然，根据战略明确具体目标的真正目的，是从绩效指标库中选取符合公司战略分解所需的指标，以此作为具体考核岗位的指标。

因此，绩效目标的制定应该是岗位职责与企业战略相结合，岗位职责是基础，战略是关键。

在此，还需要补充几句，许多企业选择考核指标时往往倾向于多而全，但其实如果指标选取过多，容易造成考核没有针对性。一般来说，考核时，指标的数量不宜超过 6 个，笔者建议各岗位指标选取 3~6 个较为合适。虽然选作考核的指标是公司要求的重点，但并不代表不选作考核的指标就不需要员工重视，企业完全可以采用其他方式进行要求，如通过制度或流程来规范员工工作等。

第四部分　绩效目标分解的五个基本步骤

在企业绩效考核指标的设定过程中，我们经常看到这些情况：多个部门共同考核一个指标，出了问题，各自推脱责任；一个部门多人担负一个指标，出了问题，上级和下级有不同的意见……这些问题的出现，说明公司对绩效目标的分解没有做到位。很多管理者不懂得目标的分解与分配，导致绩效目标设置出现混乱。

我们先要弄清楚什么叫目标分解。所谓目标分解，就是为了完成绩效目标，将其拆分给不同的部门或者个人，每个部门或者个人承担目标的某一部分。目标的分解一般分为横向分解和纵向分解。

1. 战略目标的横向分解

横向分解即将战略目标分解到各个部门。例如，某公司的战略目标是市场占有率达到 30%，而要实现 30% 的市场占有率，就需要增加 70 名员工，完成 600 万元的销售额，生产的产品需要达到 30 万件。那么各个部门的目标分解就可以这样定：人力资源部招聘员工 70 人，销售部销售额达到 600 万元，生产部生产任务达到 30 万件。这样每个部门的目标就都与市场占有率这个公司级的战略目标相关了。

2. 战略目标的纵向分解

纵向分解即将战略目标层层分解到下级，直到一线员工。

有的公司人力资源部经理的绩效指标是招聘完成率，而招聘主管的绩效指标依然是招聘完成率，绩效专员的绩效指标还是招聘完成率，这样招聘任务没完成的时候，究竟谁承担责任？正确的做法应该是将这些指标进行分解。

人力资源部经理属于整个人力资源部门的管理者，需要对整个部门的方向性负责。在招聘方面，人力资源部经理要对招聘渠道完成率等指标负责，所以其考核指标一般为招聘完成率。

招聘专员属于招聘的协助者，对渠道规划、初始筛选工作等负责，其考核指标一般为招聘广告发布的及时性、筛选的合格率、渠道数量等。

通过这样的分解，从人力资源经理到招聘专员，每个人都有各自的指标，而且责任明确，考核起来非常方便。

绩效目标的分解是绩效指标设计的一个关键环节，它关系到绩效指标的有效性，一旦绩效目标分解出错，绩效指标设计就会不合理，从而影响整个绩效考评体系的实施。因此，在绩效目标分解的过程中，一定要把握好横向分解与纵向分解。

绩效目标的分解通常涉及五个基本步骤，为了让大家更直观地理解，我们以 A 公司为例进行说明。

第一步：梳理战略目标

通过对 A 公司的愿景和使命（公司致力于达到什么）、外部环境（公司目前所处的外部环境是什么）、核心竞争力（公司的哪些能力是竞争对手不能模仿的）等方面进行分析，明确 A 公司的愿景与使命是成为一个客户信赖、社会尊重、最具价值并且具有国际影响力的专用车制造企业。

在此基础上，明确公司 3 年内的战略目标，其核心目标是“持续提升公司的获利能力与价值”，其具体量化目标是“到 2018 年公司实现销售收入 10 亿元人民币，公司专用车的市场占有率位于国内第一，产品成功打入国际市场”。

第二步：寻求关键成功因素，形成战略地图

在 A 公司战略目标的基础上，进一步确定 A 公司的关键成功因素，并形成公司的战略地图。在形成战略地图的时候，借助平衡计分卡的思想，以期从财务、客户、内部运营、学习与发展四个方面来综合衡量企业的经营状况。其中，财务方面反映的是“我们在股东眼中表现如何”，具体指标有收入、利润、资产利用率等；客户方面反映的是“顾客是如何看待我们的”，具体指标有客户获得率、客户挽留率和客户满意度等；内部运营方面反映的是“我们必须在哪些方面胜人一筹”，具体指标有新产品研发数量、质量、物流周期等；学习与发展方面反映的是“我们是否能够持续改善并创造价值”，具体指标有员工受训时数、人岗匹配度、人均贡献率、员工满意度等。在确定公司的关键成功因素时，我们既强调这些关键成功要素与公司战略目标之间的协同性，也强调结果要素与过程之间的平衡。

第三步：确定公司层面的关键绩效指标

通过整理并分析实现公司战略目标的关键成功要素，结合公司目前的经营状况，确定当前衡量公司业绩的关键绩效指标，具体步骤如下：

（1）利用“头脑风暴法”，确定每个关键成功要素的衡量指标，形成公司层面的业绩指标库。对于同一个关键成功要素，往往有多个衡量指标，如“产品结构及时调整和提升”这个关键成功要素的衡量指标就有“重点产品边际贡献率”“重点产品的销售比重”“重点产品的销售量”等。

（2）分析公司目前的经营管理能力，结合已经形成的公司业绩指标库，确定公司层面的关键绩效指标。在这一步，通常需要明确公司的改进方向是什么，因为考核具有很强的导向性，只有考核什么，公司才能做到什么。

（3）确定各关键绩效指标的定义、计算公式、权重、收集频次、数据来源及指标的考核主体。

第四步：分解公司的关键绩效指标，形成部门的关键绩效指标

结合公司的关键绩效指标与各部门的职责，形成各部门的关键绩效指标，并对这些指标的关联性进行分析，具体步骤如下：

（1）寻找实现公司关键绩效指标的关键驱动因素。例如，A公司“目标成本下降率”这一关键绩效指标可能会存在如下关键驱动因素，包括“采购成本的下降”“生产成本的下降”“工艺技术的改进”“财务成本的下降”等。在此过程中，我们同样可以运用“头脑风暴法”进行研讨。

（2）初步形成各部门的关键绩效指标。针对“目标成本下降率”的关键驱动因素，我们可以给出适当的衡量指标，如“采购成本下降率”“单车制造成本下降率”“重点研发计划完成率”“财务成本下降率”等；然后，结合部门职责，明确相关指标的负责部门，如“采购成本下降率”的责任部门为物供部，“单车制造成本下降率”的责任部门为生产中心等，初步形成各部门的关键绩效指标。

（3）对初定指标进行关联性分析，形成各部门的关键绩效指标。上述步骤形成的各部门关键绩效指标，更多的是采用“自上而下”的指标分解方法得出的，但对于各部门指标之间的横向逻辑联系，并没有进行关联性分析。因此，有必要从流程的角度来审视这些部门指标的关联性。

例如，要让生产中心完成“及时交货率”这一项指标的要求，研发中心就要及时、准确地进行技术交底，物供部门要及时完成物料以及辅料的供应等。因此，我们要看看研发中心有没有“技术交底及时率”指标、物供部门有没有“原材料供应及时率”指标，来支撑生产中心实现“及时交货率”这一指标的要求。

因此，在完成指标“自上而下”的分解过程之后，必须再从流程的角度审视各部门指标之间的关联性，最终形成各部门的关键绩效指标。

第五步：分解部门关键绩效指标，生成个人业绩合同

根据部门的关键绩效指标，结合职位说明书，分析并提取部门内各个职位的关键绩效指标，并确定指标的定义、计算公式、权重，以及业绩合同的发约人、受约人。在此过程中，我们可以采用类似于将公司关键绩效指标分解为部门关键绩效指标的方法，先对部门关键绩效指标进行“自上而下”的分解，再从流程的角度对相关职位的绩效指标进行关联性分析，最终形成各职位的关键绩效指标，生成个人业绩合同。

第五部分　影响绩效目标完成的四个因素和六大障碍

在绩效管理过程中，我们要认识到，并不是绩效目标分解到位了，部门和员工就会自动自发地完成任务。这里一定还有一个执行问题，具体到部门目标，至少有四个因素在影响着其能否完成。

第一，部门员工是否全力以赴。如果岗位的员工有心无力，或有力无心，则部门目标的达成显然并非易事。

第二，协作部门的工作是否能步调一致。例如，车间要按时保质完成生产任务，但若采购部门的原材料供应是滞后的，则必然影响车间绩效目标的达成。

第三，上司是否予以足够的资源支持。例如，营销部门要完成销售任务，自然可能要产生相应的销售费用，但若上司在这个层面上不理解、不重视、不支持的话，就有可能在最后影响销售目标的达成。

第四，是否深切理解了客户需求。例如，生产的客户是营销，而营销的客户毫无疑问是用户。假使用户对产品的质量要求是100%，那就意味着营销要有质量合格率为100%的产品去销售。如果车间不理解营销为何对产品品质的要求这么苛刻，而是认为按目前企业的状况，产品质量达到90%就已经很了不起了，那么一定会导致生产和市场的脱节，进而影响生产环节最后为企业创造的价值。

具体到目标本身，又有六大障碍在影响着目标的达成。

第一，没有目标。不清楚到底要干什么，交办一件是一件，不交办一片茫然，工作不知从何下手。

第二，有目标，但没有清晰的结果描述。脚踩西瓜皮，滑到哪里算哪里。

第三，有目标，也有清晰的结果描述，但与企业经营目标南辕北辙。纯粹为了设定目标而设定目标，工作的最后结果与企业战略目标毫无关系。

第四，有目标，但没有充分的行动分解。例如，要按期达到销售目标，就要有合格的产品支撑、足够的销售人员、更加多元的客户资源等。围绕这些，必须采取行动逐项达成，漏了其中一项关键行动，整个销售目标就不会实现。

第五，对目标进行了到位的行动分解，但是缺乏资源和能力。这点大家都很容易理解，如果没有相关资源的支持，能力也不到位，纵使目标再清晰，行动计划再到位，结果又能怎样呢？

第六，有目标，有行动策略，也有资源和能力保障，但激励机制跟不上。若干好干坏一个样，大家都会选择不做，从而影响最终目标的达成。

第六部分　保障目标实现的是胜任的人才

企业经营就像是睡莲，收入、利润、规模都是浅浅浮在水面上的那朵花，这朵花能否灿烂绽放，完全取决于水面下那些看不见的根系和养分。这个根系就是人才，养分就是能力。所以，著名管理大师加里·哈默尔（Gary Hamel）说：企业经营的是什么？既不是产品组合，也不是服务组合，而是人才组合。这种人才组合在本质上决定了企业与企业之间的差异，在根本上决定了企业的强弱。

麦肯锡在1997年提出了“人才争夺战”的概念。越来越多的企业意识到，所有的竞争都没有人才的竞争来得更为关键。对人才的争夺，甚至在一定程度上影响了企业的生死存亡。

惠普公司的创始人大卫·帕卡德认为，如果公司的收入增长速度持续快于人才的补给速度，是不能建立起一个卓越公司的。若人才补给率滞后于业务增长率，组织能力就不能得到提升并有所保障，整个组织就无法驾驭“高速的增长”，只能感受“增长的痛苦”。基于此，越来越多的企业意识到人才储备的不足已经在很大程度上制约了企业的发展。

因此，企业要重视人才管理，从企业的发展方向和战略定位出发，通过人才标准界定、人才测评、人才盘点、人才发展规划等一系列手段，对人才进行系统而专业的甄别、评价和培养，从而使人才不断涌现，满足企业未来发展的需要。

如何让人才支撑目标的实现呢？

第一，企业要有清晰的战略规划。

第二，要能明确实现战略的关键能力和行为标准。

第三，要根据关键能力和行为标准构建岗位的人才标准。

第四，要依据经营目标和人才标准识别关键岗位及关键人才。

第五，要对关键岗位的关键人才进行持续的能力管理。

如何促进绩效目标的完成——过程管控及绩效激励

绩效目标是拿来完成和超越的

我们先看一个例子：

某企业经理张三月初叫来下属王五交代本月目标："王五，到月末，你要完成500个水杯的制作任务。"王五欣然领命而去。而张三因为身居经理职位，要忙的事情很多，交代完任务后，一转身便去做自己的事了，平时也无暇顾及王五的工作。

等到月末，经理张三因为要考核下属王五的业绩，想起了月初对王五交代的任务，便询问王五："500个水杯完成没有？"王五回答得很干脆："报告领导，完成了。"张三也很高兴说："既然完成了，拿给我瞧瞧。"结果一看，张三傻眼了。为什么？因为王五完成的是500个玻璃水杯的制作任务，而张三需要的是500个塑料水杯，想要的结果并没有能够实现。

王五这样的工作结果显然让经理张三的考核陷入了两难的境地。如果因为任务没有达到要求，张三要扣王五的工资，显然王五会无比委屈："领导，您这样扣我不对啊。您看，为了完成这水杯的制作任务，我这个月是拼了老命的，天天加班加点不说，还把礼拜六、礼拜天的休息时间也搭进去了。何况，领导您看，我难道不是制作完成了500个水杯吗？"张三也一定会反驳："我要的是塑料的，而不是玻璃的。"王五就更加要叫屈了："可是领导，您为什么事先不交代清楚呢？"

的确，从工作态度和王五理解的工作结果本身而言，似乎无可挑剔，因为他工作够投入，工作数量也达到了。如果张三要扣他的工资，岂不是在王五满怀热情的身上浇了一盆冷水？这样的考核既没有达到鼓励的目的，也打击了员工的热情。

可是，如果张三不扣工资，事态又会往另一个方向发展，即做错了事不需要承担任何责任，从而大家就不会为做好事而努力。如果岗位上人人都这样想，那么到最后，身为部门负责人的张三岂不会身陷部门业绩平庸的狼狈之中？

如果不能保证岗位的任职员工到位地达成目标和履行职责，而是在绩效考核的时候来个"秋后算总账"，那么即使考核是公正的，也不会为企业的发展带来更大的价值，反而因为牵涉利益关系，让企业陷入考核烦恼。

因此，笔者认为，绩效目标是拿来完成和超越的，而不是拿来考核的。

考核干什么？还不是用来激励大家全力以赴去完成目标、超越目标。为考核而进行考核，实际上是曲解了考核的本意，也忘却了考核的本源。

既然绩效目标是拿来完成和超越的，那么，在绩效管理中就不能只有年初月初的绩效目标规划与分解、年末月末的绩效考核，中间一定要加一个重要环节，这个环节就是"过程管控"。

在上面这个案例中，如果张三有了过程管控的意识和行动，就不是交代完目标便转身去忙自己的事，而是在平时，如一周过后，一定会去检查一下王五的工作。如果发现王五在准备原材料的时候，清单上列出的是玻璃采购，张三显然就能发现问题：我要的是塑料水杯，怎么会去采购玻璃呢？一旦问题暴露，就可以采取措施将问题消灭在萌芽状态。

这也是绩效管理和绩效考核的显著区别之一，绩效管理旨在通过过程管控发现问题、分析问题和解决问题，将问题消灭在萌芽状态。而绩效考核是典型的“秋后算账”，等问题出现了才去问责，才去扣工资。这种做法是没有赢家的：员工因为被扣钱而心生不爽；部门经理因为要去扣别人钱而背负压力；对于企业而言，因为员工和部门无法保质保量完成工作，即使扣了员工的钱也换不来企业的发展。既然绩效考核谁都不会是赢家，那么，我们做绩效考核干什么呢？

做好过程管控的三件事

过程是为取得某个结果而采取的步骤、程序和方法。管理者必须管控过程而让各项工作保持合理状态。很多管理者通常会说“我只看结果，不问过程”，这句话其实暴露出很多管理者一不懂管理，二在推卸本应履行的基本管理责任。

管理者要履行好过程管控的责任，就要对员工在完成目标的过程中所采取的步骤、程序和方法予以审查，一旦发现问题，要能随时随地解决。只有确保了过程的可控在控，才能有结果的可控在控。

宝洁公司前 CEO 埃德·哈尼斯在阐述宝洁的价值观时曾讲过一段话：“一些原则自 1837 年宝洁公司创建之日起，就一直是它的特色。虽然宝洁公司的目标是进步与发展，但是雇员应该明白，本公司不只是关心成果，还关心成果是怎样取得的。”这段话，事实上也道出了宝洁的成功在于强调过程管控。

一般而言，过程管控有三件事：

第一件事是纠偏。

企业的发展仰赖于绩效，而绩效的达成是一群人围绕企业经营目标奋发努力的结果。团队最重要的特点之一是“力出一孔”，只有朝着共同的方向努力，企业才能获得最终的成功。

无论是部门还是员工，要能取得价值的最大化，首先得保证将事情做正确。除了各岗位的员工要有目标意识，并紧扣目标做出行动之外，员工的管理者应在过程当中检查员工的工作步骤、程序和方法等是否走在正确的轨道上，一旦发现偏差，应立即予以纠正。不能在过程当中发现问题并及时解决问题的管理者，一定是失职的管理者。

第二件事是教练。

研究表明，人才培养的成功 70% 源自岗位锻炼，20% 源自教练指导，剩下的 10% 源自课堂培训。工作实践、领导反馈、自我觉悟是人才成长最有效的方法。培养人才不仅是企业的战略问题，也是管理者的重要职责。

大家都知道，每个人都是有局限的，在完成目标的时候，或许会存在某些障碍，这些障碍有的来自认知，也有的来自技能或方法。如果不能得到有效的指导，化解这些障碍，必定会影响最终目标的达成。因此，管理者在项目实施的过程中要观察跟进，了解员工的表现和绩效，给予及时而客观的反馈，指导、支持、启发员工去发现答案，提升技能。这也是管理者扮演好教练角色应有的基本作为。

这样的教练能使员工既感受到尊重，也得到成长。只有每一个岗位员工的成长和成功，才会产生合力，最后促进部门绩效的提升。

第三件事是激励。

每一位员工都渴望得到肯定和认同。在完成工作的过程中，管理者一个恰当的表扬、一个适时的鼓励、一个赞许的目光，都能帮助员工树立信心，获得进步的动力，还能激发员工的使命感和责任感，释放出更大的潜能，达成更高的目标。

作为管理者，一个重要职责就是激励员工。激励给予的是关心、赞美和温暖，传递的是尊重、信任和责任，得到的是信心、力量和成长。

如果管理者发现员工达不到要求，却只是一味指责，那么员工的情绪就会低落，从而影响工作的积极性。如果管理者能给予员工更多的鼓励和关心，哪怕没有给到员工具体的意见和建议，员工也会感觉到温暖和关怀，从而重振信心，重新面对困难，解决问题，直至更漂亮地完成工作。

在很多时候，管理者的关心、赞美和鼓励就是对员工最好的激励。

没有这两点托底，绩效管理必败无疑

绩效管理有两大基础，一是组织设计与工作规范，二是战略规划与战略澄清。这两点是各岗位最终达成绩效的机制保障。

组织设计与工作规范

大家都知道，一家企业要有可持续的发展，必须在方向清晰的前提下，保证每一位在岗员工创造高绩效，而任何一位员工的高绩效都不可能单纯来自自己的努力及能力，还得仰赖于组织的整体运营能力。

如车间主任，如果要快速而富有成效地达成质量和产量的一系列目标，仅靠车间主任一己之力是不可能的。横向上要取得供应部门、研发部门等其他相关部门在工作进度和工作质量上的支持；纵向上要取得车间主管领导的大力支持并保证本部门员工的全力以赴。而实现横纵向之间的联系，并形成协同的，就是组织运营的整体设计。

传统上，几乎所有企业的组织设计都是试图建立功能性的等级结构来实现专业分工，使工作易于上手，也体现了职责明确、权力集中、指挥统一、垂直联系等优点。

例如，华为最初的直线式组织架构就是：首先是公司综合办公室，然后在公司综合办公室下面设立中研总部、市场总部、制造系统、财经系统、行政管理系统，各总部和各系统下又设立了各部门，如财经系统下面设立了财务部、投融资部、认证部和审计部。

任正非直接领导公司综合办公室，而综合办公室统一领导下属五个大系统，各系统中任何一个部门的管理人员只对其直接下属有直接的管理权；每个部门的所有工作事宜只能向自己的直接上级报告；主管人员在其管辖的范围内有绝对或完全的职权。

这种权责分明的组织架构，使华为在创业初期迅速完成了原始积累，公司最高领导者任正非对公司内部下达的命令和有关战略部署也变得更加容易贯彻。

但是随着组织的发展，这种纵向的等级结构越拉越长，层级的增多显然衍生了内部的官僚，面对市场的决策变得缓慢，从而错失良机。另外，各系统、各部门的职能划分也逐步演变为“诸侯割据”“部门就是一座山”，切断了各职能部门之间的联系。

韦尔斯在《战略的智慧》中指出，多数大型公司都被划分为不同的职能部门。由于跨部门的正式机制很少能提高彼此的信任、互利互惠、个人可靠度以及透明度，所以它通常会最终分解成“职能孤塔”。

公司被分解成了诸多相互竞争的“部落”，每个部落都有各自的身份和目标感。尽管几乎整个企业都在强调跨部门协作，但毋庸置疑，传统组织架构强调职能化的设计使部门和员工习惯于将自己的责任限定在自己的职位界限之内，如“我就是绩效考核专员，我不能做别的工作”。这种碎片化的心智模式，显然让跨部门、跨岗位协作变得困难重重。

由此，传统组织架构设计中最致命的两个问题便毫无悬念地显示出来了，一个是反应慢，另一个是各自为政。而这两个问题几乎无一例外地影响了各岗位绩效的达成，最终要了企业的命。

综观众多企业的寿命，为什么存活 20 年、30 年、40 年以上的企业不多见？究其原因在于企业发展到 20~40 年时，多半进入了组织机能障碍期，因没有解决好各自为政的问题而消亡。

还是以华为为例，由于华为所在的电信产业变化迅速，每三个月就会发生一次大的技术创新，为了跟上急剧变化的节奏，华为必须建立起一个既可以保持相对稳定，又可以迅速调整以适应变化的组织架构。华为通过学习、理解西方先进的管理经验，在早期直线管理的基础上进一步完善创新，形成了属于华为并且只适合华为的独一无二的组织管理体系——灵活的矩阵管理结构。该体系将按战略性事业划分的事业部和地区公司作为华为最主要的两个利润中心，由其承担实际盈利的责任，从而加快了公司的发展速度。

从理论上讲，华为所设计的灵活矩阵管理结构是由一个静态结构、一个动态结构和一个逆向求助系统组成的。一旦出现具有战略意义的关键业务和新事业生长点，华为就会快速建立一个明确的负责部门，迅速由该部门出手抓住机遇，而用不着整个公司行动。在该部门的牵动下，公司的组织结构也将随之产生一定的变形。在变形过程中，组织结构内部相互关联的要素（流程）并没有产生变化，发生变化的是联系的数量和内容。一个系统发生变化，所有系统都跟着变形，但这种变形是暂时的，当阶段性的任务完成后，就会恢复到常态。这是一个从不平衡到平衡的过程，而华为也用这种灵活的矩阵结构逐渐代替了早先的直线结构，从而为华为的发展带来了新的活力。

当然，在当前的数字化时代，企业的组织设计必然会面临新的挑战，企业组织架构必然是不断进化和迭代的。无论如何，在数字化时代，催生高绩效的企业组织架构必须体现三项基本原则：第一，去中心化，人人都是 CEO，汇聚企业智慧，开放、自由而高效；第二，快速行动，以变应变，协作创新；第三，跨组织，为了特定目标而形成工作联盟。

传统意义上的组织形态通常以直线职能制为主要形式，由直线领导机构和职能部门组成，是典型的金字塔结构。企业的最高管理者处于金字塔顶端，然后向下根据管理幅度的大小形成若干层级，公司战略决策落地通过中层上传下达，市场信息通过基层员工收集汇总由下往上层层汇报。这样一来，员工虽然贴近用户，但没有自主权，只能唯命是从，唯指标而动，不仅反应缓慢，也会使企业决策者最终丧失市场机会。

但是在数字化时代，企业和用户之间的距离可以无缝连接，商业机会就蕴藏在与用户的零距离接触中。这样一来，以前处于金字塔底的团队成员将成为企业团队中至关重要的部分，他们直接面对产品、用户，亲身感受用户体验，了解用户感受。如果不能第一时间根据用户的反馈迅速采取行动，而是在传统金字塔组织结构模式的惯性下，将用户信息层层上传，然后层层下达，那么这样运作显然无法适应数字化时代的要求，从而使企业丧失竞争力。因此，要让听得见炮火的一线员工成为快速行动的决策者，领导要变身为幕后的服务者，推动跨部门、跨岗位的快速协作，帮助一线员工响应用户需求，从而达成卓越绩效。

如小米公司，一旦一线人员接到用户反馈的整改信息，就会立即组建一个工作组，将 CEO、销售副总、研发工程师、公关经理等拉进来，共同解决客户的所有问题，而每个人都是这个临时团队中的一分子，都要随时随地提供协助。

追求并达到高绩效一定是发展中的企业要完成的一个基本目标，而要驱使高绩效的实现，必须以强大的组织运营体系作为保证。也就是说，最终绩效的产生，首先要依靠组织，而不是依赖人。但遗憾的是，现实中，我们往往依赖的是人，尤其是能人，这就造成了企业发展绕不过去的一个“局”：对于一个部门或一个岗位，如果企业运气好，恰恰碰上一个能人，则这个部门和岗位的工作一定风生水起；而对于同样的部门或岗位，如果不幸由庸人把持，则输出的绩效一定惨不忍睹，甚至成事不足，败事有余。正是因为过分依赖能人，所以很多企业被几个能人牵着鼻子走，必须哄着能人，顺着能人的意志，害怕能人跳槽等。只是，企业再怎么以能人为本，但万一有一天，能人不爽了，走了，企业又该怎么办？

由于一人一世界，一人一主张，一人一方法，所以以人为主体的工作方法很难复制和推广，而以事为主体的工作规范对工作的方法、标准、流程均建立了细致而量化的管理标准，极易被复制和推广。

就拿大家熟悉的肯德基和麦当劳与中式餐饮做比较，为什么全世界不同地方的肯德基和麦当劳的汉堡口味和店内服务是稳定且一致的，而中餐馆的包子却百样店百种味？差别就在于前者对业务活动的方法、标准、流程等进行了量化。前者量化到谁做都是一个结果，后者则是不同的人会做出不同的特色，甚至同一个人做，今天做的和明天做的都不一定一样。

因此，要让一个人最终在任何一个岗位都能实现高绩效，不是首先依赖于考核来改变、引导或激励人，而是要通过组织设计和工作规范等机制的塑造，夯实让人产生高绩效的运营基础。

战略规划与战略澄清

绩效管理最有价值的地方就是驱动企业战略的实现，如果不能达到这个目的，企业推行绩效管理的最终价值就是极其有限的，不推行也罢。这就要求企业在推动绩效管理之前先做好战略规划与战略澄清。道理很简单，如果企业连战略规划都没有，那绩效管理的设计与推动到底是为了什么呢？显然就没有了方向，也失去了意义。

那么，如何理解战略规划，又怎么做好战略澄清呢？

要在短时间内说清楚公司的战略，就需要深入思考并回答三个基本的战略问题："我是谁""去哪里"和"如何去"。

华为在创业 10 周年之际出台了《华为基本法》，其中清晰地概括了华为的战略："华为的追求是在电子信息领域实现顾客的梦想"（去哪里）；"使华为成为世界一流的设备供应商"（我是谁 / 去哪里）；"我们将永不进入信息服务业”（用我不是谁来更加清晰地回答我是谁）；“我们的目标是以优异的产品、可靠的质量、优越的终生效能费用比和有效的服务，满足顾客日益增长的需要”（如何去）。

就如联想创始人柳传志所讲的那样，有了战略，一个团队就会从“懵着打”升级到“瞄准打”。有了清晰的战略，才能有伟大的组织，战略决定组织，组织跟随战略。德鲁克也说，组织中所有人的意志、行为都必然指向一个战略结果。如何让大家都指向一个结果，那就必须在上下之间建立起对目标的共识。

可是，正如哈佛商学院教授罗伯特·卡普兰所说的：“不幸的是，许多高层主管恰恰就像没有地图的将军，当他们试图实施自己的战略时，往往没有向员工详细说明‘应该做什么’和‘为什么要做的事很重要’”。由于缺乏更清晰、更详尽的信息，很多公司在执行战略的过程中败走麦城也就不足为奇了。

罗伯特·卡普兰教授的一番话也意味着，公司有了战略规划后，还要进行战略澄清。如刚刚举的华为的战略：“我们的目标是以优异的产品、可靠的质量、优越的终生效能费用比和有效的服务，满足顾客日益增长的需要。”如果仅仅这样描述，战略规划是落不了地的，只有对什么是优异的产品、什么是可靠的质量、做到怎样才算是优越的终生效能费用比和有效的服务进行进一步的细化，明确行动策略和结果指标，并达成上下级之间的共识，才有让战略规划落地的基础。而这个进一步的动作，就叫战略澄清。迄今为止，战略澄清最好的工具当属罗伯特·卡普兰提出的平衡计分卡。

作为财务会计学教授，卡普兰痛恨凭借单一的财务指标来评价企业，他提出需要通过更面向未来的、更面向长期的、更面向驱动因素的非财务指标来评价和管理企业，即企业需要有效平衡这四个层面：财务层面、客户层面、内部运营层面、学习与发展层面。

这四个层面是一条因果关系链，逻辑其实很简单：企业必须要有好的财务表现，但是其前提是要让客户购买和满意；而让客户购买和满意，前提是要有卓越的运营；要有卓越的运营，就必须要有学习与发展来保证员工胜任。

因此，平衡计分卡这个工具就是希望企业能够做好以下四大平衡：

一是平衡财务指标和非财务指标。财务指标反映的是已经发生的过去，计量的仅仅是有形资产。非财务指标反映的是未来，计量的是无形资产，而在数字化时代，无形资产才是战略制胜的关键。

二是平衡结果和驱动因素。财务指标是经营结果，非财务指标往往是达成结果的驱动因素，因此要厘清诸多指标之间的因果逻辑关系。

三是平衡领先指标和滞后指标。财务指标就是一个滞后指标，它只能反映公司上一年度发生的情况，不能告诉企业如何改善业绩和可持续发展。而对客户、内部运营、学习与发展三项领先指标的关注，使企业实现了领先指标和滞后指标之间的平衡。

四是平衡长期目标和短期目标。企业应一只脚在现在，另一只脚在未来。

绩效管理运行的四大难题及破解策略

什么是绩效管理？它是一个纽带，也是一个方法，还是一个系统。

首先，绩效管理是一个纽带。众所周知，一家健康发展的企业，必定有围绕企业定位和市场状况的目标规划，同时能将目标层层分解落实到位，有强大的执行力，而绩效管理就是联结目标和执行的纽带。可以说，没有绩效管理或绩效管理不到位，一定不会有到位而强大的执行。

以谷歌为例，谷歌绩效管理的精髓在于目标与关键成果法（Objectives and Key Results，OKR），这是一套精密严谨、完全数值化的内部目标考核制度，能够将目标由上而下贯穿到基层。

谷歌的目标设定需要公司所有员工参与，员工彼此之间要相互支持、相互配合。具体做法是这样的：

（1）全员设定：公司、部门、管理者和员工均从战略开始设定自己的年度目标和季度目标。

（2）从上至下：目标的设立顺序是从总部、公司高层、团队到个人。因为个人想做什么和管理者想让他做什么一般来说是不会完全相同的，所以员工可以先查阅上层的目标，在自己的职责范围内找到支持公司目标的部分，并拿出来和管理者进行讨论，做权衡取舍。

（3）目标共识：目标必须是管理者和员工直接充分沟通后的共识，没有达成共识的目标不能算作目标，目标的设定以达成共识为终点。设定目标时，员工与管理者之间是一个双向沟通的过程，管理者不能命令员工，员工可以提出建议。

（4）有野心的目标：鼓励员工突破自己的能力，禁止设定很容易达成的目标。

谷歌的上述做法将企业目标层层分解落实到员工肩上，实现了“千斤重担人人挑，人人身上有指标”。今天我们都在谈执行力的问题，但是，假如员工不主动参与到对工作的思考中来，没有与上级达成对目标和执行策略的共识，那么，我们的执行力从何谈起呢?

其次，绩效管理是一个方法。我们知道，一家企业的成功在于科学的管理，而管理的水准又由管理者决定，由好的管理者群体组成的企业，必定会拉升企业科学管理的水平。好的管理者不是靠经验管理，而是要有职业化精神和职业化管理方法，其中的一个要求就是管理者具备了绩效管理的理念和掌握了绩效管理的方法。也就是说，一个好的管理者必须懂绩效管理，并且能将其应用到日常管理工作中来。

一组调研数据显示：有5%~10%的公司员工总是喜欢挑毛病，对所有的制度都看不惯，对所有的决策都有不同的想法，但不会去想自己应该怎么做；有15%~20%的员工做出的东西不合格；有20%的员工是蒙着做事，对于做得对与错，都不知道为什么；有20%的员工做事是胜任的；只有20%的员工做事是高绩效的。也就是说，公司中有60%的员工的工作没有正常产生绩效，这是多么大的浪费!

尽管企业和管理者为此做出了很多努力，也学习过不少管理知识，尝试了很多管理制度，但总是看不到理想的效果，问题到底出在哪里?为什么这么多的人陷入了无效甚至毫无意义的工作中？影响员工行为和工作绩效的关键要素到底是什么？为什么很多人觉得组织并没有让他们发挥作用？

这些问题的出现，其实都是源于绩效管理不到位。很多企业的管理者对绩效管理一无所知或一知半解，根本没有绩效管理的任何专业技能，管理员工和团队的绩效时全凭自己的经验或部门内少数骨干的主动作为。如此，怎么可能让每一个人都尽心尽力进入岗位角色，从而达成每个人的绩效呢？

最后，绩效管理是一个系统。单纯评分是评不出绩效的。除了绩效考核之外，还要有绩效规划、过程管控、绩效分析、激励改善等诸多环节，并且要将这些环节连贯起来，使之成为一个环环相扣的闭环，而由这个闭环形成的绩效管理系统，将显著地驱动各部门、各岗位落实绩效。

谷歌的绩效管理是由五个重要部分构成的连续过程，这五个部分分别是目标设定、自我评估、同事评估、校准会议和绩效面谈。五者之间彼此存在密切联系，其中任何一环节在执行上出现问题，都会对整个绩效管理体系产生负面影响。

（1）目标设定：在绩效管理中，每位员工都应明确了解自己所应达到的目标。

（2）自我评估：通过自我评估，员工可以反思自己的绩效表现，认清自己的优点和不足。

（3）同事评估：来自团队内部其他同事的评估会给绩效考核带来一个崭新的观察角度；同时，通过同事评估也可以获得该员工在团队合作绩效方面的第一手资料。同事评估通常有几个人参与，这些评估包含很多人的观点，评估的客观性和公正性比较强。

（4）校准会议：在员工自我评估、同事评估之后，这些评估内容会交给管理者，由管理者进行打分，然后进入校准会议进行最后的审核。校准会议通常是几个经理坐在一起，向上一级经理阐述给员工不同评估等级的原因（谷歌的评估等级分为需要改进、一贯符合预期、超过预期、超过预期很多、杰出）。同时，一个经理对下属某员工的评估等级进行阐述后，其他经理也需要对此做出反馈，表明同意与否的观点并说明理由。

（5）绩效面谈：校准会议结束之后，意味着公司审核完成了每个员工的考核结果，接下来，经理要就考核结果与员工进行面谈。在谷歌，绩效面谈分两次：第一次是绩效结果面谈，侧重员工的职业发展；第二次是加薪和晋级面谈，两次面谈的时间间隔为一个月左右。

谷歌的绩效管理从目标设定到最后的绩效面谈构成了一个完整的闭环，这个闭环的运作极大地推动了员工的进步，进而推动了企业的发展。事实上，如果不能保证员工的进步，也实现不了部门和企业业绩的达成。

明确了什么是绩效管理后，接下来本文主要介绍绩效管理在实际运行中经常会碰到的四大难题，并提出破解策略。

第一个难题：绩效管理难以避免平均分现象。

考核平均分现象是几乎所有企业都面临的一块心病。为了解决平均分的问题，很多企业习惯于去修改制度，认为指标不够量化，程序不够合理，分配比例有待调整等。可是我们会发现，类似这样的动作往往是按下了葫芦冒起了瓢，这个问题解决了，那个问题又出来了，导致人力资源管理部门疲于应对，焦头烂额，最终也没能解开平均分这个死结。

根源何在？在于没有找到导致考核平均分现象产生的核心问题点。

试想一下，即使没有考核，一个称职的管理者对于手下员工的表现，谁应该得A，谁应该得B，心中也是有数的，那为何现在出台制度，让考核更加规范，大家反而考出一个平均分呢？根源在于管理者不愿意考。为什么不愿意考？因为考核是得罪人的差事，除了瞎折腾，没有什么好处。

因此，破解绩效考核平均分的难题，首先要从管理者绩效管理理念的改变和技能的提升开始。要通过培训学习、对标借鉴、经验分享等方式，让管理者知道什么是绩效管理，为什么要做好绩效管理，绩效管理是谁的责任，以及如何做好绩效管理。只有管理者改变对绩效管理的误解，并且掌握其中的方法，变“要你做”为发自内心的“我要做”的时候，才会消除绩效考核平均分现象。

第二个难题：考核月月考、年年考，但部门和企业的问题老是重复发作，影响了发展。

这的确是一个大问题，如果考核不能最终达到解决问题、改善业绩的效果，这样的考核其实是没有意义的。为什么考核都在做，但问题会重复地犯呢？关键在于大家把考核的目的放在了评分和发工资这个层面上，而没有具体落实到绩效改善这个核心点上。

目的不一样，导致的做法也不一样，把考核放在评分和发工资这个层面，往往是“秋后算总账”，等问题出现了，管理者才去发现，发现之后才去扣分，但问题已经产生了，扣得再狠又有何用？而且，很多管理者简单粗暴，做不好扣分，再做不好再扣分，由此，只会扣分，却没有绩效分析和改善措施，问题怎么能够得到有效解决？

如果把考核放在绩效改善这个核心点上，做法就会完全不一样。这个时候，考核就不是简单地评分了，而是上升到通过考核发现问题，进而分析问题、解决问题这样的战略价值创造层面，让考核真正帮助人和组织成长进步。

因此，要破解月月考、年年考但问题老是重复犯的问题，在理念上，要端正绩效考核的目的，把大家的思想统一到“绩效改善”而非“评分分配”这个层面上来；在流程上，一定要设计好绩效分析、绩效面谈和绩效改善的环节。也就是说，绩效考核结束后，主管和员工之间要面对面沟通，进行绩效分析，提出问题的改善措施，并列出行动计划，直到把问题解决为止。

第三个难题：管理者不热衷于绩效管理工作，绩效管理成了人力资源部的独角戏。

毫无疑问，绩效管理靠人力资源部一个部门的努力是无法成功的。很多企业的绩效管理最后不了了之，成了鸡肋——食之无味，弃之可惜，根源就在于企业上下都认为绩效管理是人力资源管理部门的责任，这样的话，岂能尽心尽力？不尽心尽力，绩效管理怎么能做好呢？

如何让绩效管理走出人力资源管理部，成为大家共担的责任？第一，要从理念的转变着手，让大家真正明白绩效管理的内涵。第二，总经理要率先垂范，履行绩效管理责任，从而通过顶层设计、顶层推动，实现上行下效。如果总经理对绩效管理一知半解，该履行的责任，如绩效规划、过程管控、绩效分析、激励改善等，履行不到位，甚至不履行，那么几乎可以断定：绩效管理在企业的推动最终必定是失败的结局。

第四个难题：戴着绩效管理的帽子，却做着绩效考核的事情。

这个问题非常常见，查看很多企业所谓的绩效管理制度，往往发现虽然文字描述的是绩效管理，但实质还是绩效考核。

如果绩效管理制度没有对过程管控、考核分析、激励改善做出明确的要求或要求了而没有做到位，那么还是彻头彻尾的绩效考核而非绩效管理。

要解决这个问题，首先，制度应按绩效管理的套路去设计，即要完整涵盖绩效规划、过程管控、考核分析、激励改善各个环节。缺了哪一环，制度的设计都是不完善的。

其次，要在技术上保障运行到位。例如，没有绩效面谈记录的，就不能进入依据绩效分数进行分配的环节。这尽管有点生硬，但好习惯的养成几乎都是建立在前期强制的基础上的。

最后，结合笔者的个人经验，简要谈一下如何让绩效管理在企业显效落地。具体有五点：

第一，绩效管理制度的设计不仅要专业，而且要具备利他思想。所谓专业，即绩效管理的制度设计应完整包含绩效规划、过程管控、考核分析和激励改善四大运作环节，并使之形成一个完整的闭环系统；所谓利他，即在制度设计的时候一定要能回答清楚：这套制度的推出对使用者会带来什么好处？他们为什么愿意全力以赴去做这件事？

第二，以开放而非封闭的姿态去设计制度。人力资源管理部门不应闭门造车，而要广泛征求大家的意见，让管理者甚至一些关键岗位的关键员工也能参与到制度的设计中，只有从群众中来，才能更好地到群众中去。

第三，不能只有制度，还要有思想的共识。要通过培训等手段，让大家了解什么是绩效管理、为什么要做绩效管理、绩效管理是谁的责任以及绩效管理怎么做。只有大家有思想的共识，并且掌握了相关的操作技能，才能万众一心，将绩效管理推行成功。

第四，总经理一定要参与其中。只有总经理发自内心地重视绩效管理并率先垂范，从顶层推动，绩效管理才能快速和可持续地推行下去。

第五，要有审查和改进的环节。所有的事情，包括绩效管理，几乎都不可能一帆风顺地展开，而且越是有难度的工作，推动起来碰到的挑战和问题就越多。所以，每过一个阶段，如一个季度，要做一个绩效管理运行回顾和总结。如果没有达到目标，那么一定要找出原因并着手改善。在运行中不断完善，就会越推行越顺利，成功的概率也会大大加强。

总之，中国企业发展到现在，无论是数量还是质量已经今非昔比，但要能更好地参与到全球化的进程中，站在竞争的制高点，使明天更加精彩，无论如何要在管理上大踏步地迎头赶上。只有管理强大，才有企业竞争力的强大，而塑造强大管理的核心，在于绩效管理。

第七辑

再造企业文化

管理之道

好企业，在于利润，更在于人。而感召人、影响人的，在于好的文化。文化是企业真正的力量之源。

文化突围要做好三件事

任正非曾经说过：“资源是会枯竭的，唯有文化生生不息。”因此，任正非对华为的企业文化建设十分重视，他经常有意识地传播、修正华为的企业文化，并以此感召华为人，统一华为人的思想。可以说，大量高科技人才和产品构成了华为的身躯，而丰富的企业文化内涵赋予了华为灵魂。华为能有今天的成就，与其先进的企业文化是分不开的。与其说华为创造了企业文化，还不如说是企业文化成就了华为。

既然企业文化对企业的发展如此重要，那么各企业对企业文化的打造应该是卓有成效的。但事实上，大量的企业却存在着“文化真空”，没有建立有效的企业文化体系。具体表现在以下两个方面：

一方面，没有文化。企业创始人在理念上不重视企业文化，认为企业文化是虚的，并不能为企业带来直接的经营效益，因而并没有明确企业的使命，建立与企业发展阶段相匹配的价值观等。

另一方面，有的是伪文化。有的企业虽然愿景、使命、价值观都有，且单纯从文字上去推敲，几乎是无懈可击的，但可惜的是只停留在书面上，说一套做一套，文化根本落不了地。貌似有文化，其实没文化。

要建立一套好的企业文化，除了经营者思想上的重视之外，掌握具体的方法也很重要，至少在以下三个方面要能有所作为：

1. 建立与企业发展阶段相配套的核心价值观

企业文化的核心在于价值观的提炼，而价值观不是一成不变的，要与企业发展阶段相吻合，与时俱进。如企业初创期，存在人少事多现金少的状况，这就要求企业大力倡导“奉献”的价值观，并找到与之相匹配的人；企业成熟期面临着转型和再发展的问题，因而价值观要特别倡导“创新”精神。

华为的核心价值观是如何提炼的呢？一是吸收中国传统文化的精华。如华为非常推崇孝道，要求员工把第一个月的工资给父母、家人。二是吸收行业先进管理经验。华为高层每年都要到世界发达国家拜访国际领先企业，学习其先进的经营管理经验，吸收最顶尖的管理思想。三是依托企业的创新性思维。依托任正非等华为高管的创新性思维所产生的管理思想，做到了与时俱进，使华为文化生生不息。

2. 要做好制度审查

企业制度的设计要与企业文化相匹配，如果制度和文化是两张皮，各唱各的调，文化是不可能在企业落地的。如虽然价值观倡导“尊重人”，但企业的绩效考核制度简单粗暴，达不到目标就扣分、扣奖金，则这显然和“尊重人”的价值观是相悖的。所以，要做好制度的审查工作，以此来确保制度和文化是和谐统一的整体。

3. 管理者要能做好表率

只有管理者率先垂范，才有员工凝心聚力的行为。要确保管理者率先做到遵循价值观，前期要做好管理者的选拔工作，如果个人价值观与企业价值观不相匹配，哪怕业绩再优秀，都不应选拔到管理者的岗位上；中期要做好管理者价值观的跟踪，一旦发现有偏离价值观的言行，要及时予以纠正；后期要做好价值观的考核，考核结果必须与分配、晋升等紧密挂钩。

如果说制度是推力，那么文化便是引力。推力和引力的结合与平衡，会在企业内部产生合力，并最终形成战斗力。因此，企业在做好制度建设的同时，要重视并做好企业文化的建设。

美联航这样对华裔，我们在给出差评的同时还要思考什么？

美联航事件回放

据《参考消息》报道：2017 年 4 月 9 日晚，美国联合航空公司一架从芝加哥飞往路易斯维尔的班机上，乘客们被告知因超额预售需要一些人主动改签并会提供相应补偿。但没有人愿意放弃座位，因此航空公司随机挑选了四名乘客要求其让位，其中一名华裔医生以第二天必须为病患看诊为由拒绝离机，结果遭到安保人员强制拖离。拉扯之间，该名乘客的脸部受伤，嘴部血迹斑斑，现场一片混乱。事后，惊魂未定的旁观者表示，这名华裔医生被拖出去时一声不吭，“看上去已陷入昏迷”。《华盛顿邮报》援引一名目击者的发言称，这名医生怒称，航空公司选中自己是“因为我是一名华人”。另外，据外媒报道，实际上，该航班并未出现所谓“超额预售”的情况，取代四名乘客的是四名美联航的工作人员。

美联航的价值观是虚的

据悉，美国多数航空公司为了尽可能填满所有空位，有时甚至会重复售票，在乘客都不愿意离开飞机的情况下，就会有乘客被选出，强制离开飞机。

如果“超额预售”是美国多数航空公司的一种惯例，那么，碰上事实超员，按正常程序该如何处置？

网名为“老老猫 Garfield”的网友有一则这样的分享：“某次乘阿联酋（航空公司飞机）飞迪拜转机，在办理登机手续时就有两位工作人员负责征询乘客意见：‘由于本次航班超售，您是否愿意改签明天的航班，我们将为您免费升至头等舱，同时提供机场附近五星级酒店住宿。’我当时赶时间没有接受，但这种态度是很诚恳的。”

手握有效机票，遵守秩序正常登机，却被工作人员从座位上强制拖出，这样令人发指的事情出在美联航身上，简直令人难以想象和不可忍受。但讽刺的是，这家公司的价值观竟然是“亲切服务是我们的宗旨，热情好客是我们的本质”，这不是笑话吗？

笔者联想起若干年前碰到的一家企业，其企业文化核心价值观有一条是“尊重员工”，但这家企业几乎所有的员工都异口同声地说：“从来没有感觉到被尊重。”这不是说一套做一套，在玩虚的吗？

企业文化的重要性不言而喻

如果企业要有持续的竞争力，在员工的身上一定要能体现出两点：一是要能保证履行职责，完成目标，这是最基本的要求；二是要能自主自发、全力以赴地去工作，自愿承担额外的工作，超越目标。

企业要让员工达到第一点，强化管理就可以实现；但是如果企业要让员工做到第二点，没有员工对企业和工作发自内心的热爱，则管理能力再强，估计也是很难达到的。如何让员工发自内心地热爱企业和工作，需要依靠企业文化，依靠充满正能量、令人信服的使命与价值观。

笔者始终认为，一家企业要能有真正的未来，其核心竞争力必定是建立在战略、管理、文化三者有机整合的基础上。无论哪种商业模式、技术或产品形态，都是在这三者的共同作用下才能最终变现。而在这三者中，文化的重要作用不言而喻。

那么，为什么文化这么重要，却在很多企业表现出“虚”的一面？无外乎两大原因：

一是企业把文化当“作秀”，是对外宣传的一种，虽然有满纸高大上的口号，但现实中往往就是说和做两张皮，各唱各的调。

二是没有让文化由“虚”变“实”的方法。如果找不到专业的方法让文化落地，不能让所有的企业行为都烙上独有的文化印迹，则哪怕企业再重视，最后文化也是几页纸而已。

如何让企业文化落地?

要让企业文化由“虚”变“实”，有五个方面应当引起企业的重视：

第一，要“共智”提炼。

文化的形成不是单方面的，一定是大家“共智”的结果。很多人习惯宣扬企业文化就是老板文化，表面上好像是这么回事，但若仅是老板单方面的诉求，大家怎么会有执行的热情？从人性角度而言，人都有自利的一面，这无须回避。如果愿景、使命、价值观是高高在上的，根本与广大员工无任何实质关联，则最终的执行是不可能到位的。

因此，正确的做法是：企业老板首先要有文化主张，同时能号召大家一起参与提炼：“来，请你也一起谈谈我们的愿景、使命和价值观。”通过这样自上而下、自下而上几轮的碰撞与融合而提炼的文化，才能体现从群众中来，最后回到群众中去。

第二，要持续宣贯。

笔者认为，一家企业的使命除了赢得利润之外，还要能引领人心，要像重视利润的增长一样去重视人的塑造和人的发展。一家企业不仅能完成利润目标，也能让人心向善向上，这样的企业才是伟大的企业。基于此，老板不能只有经营目标，还要去塑造和发展具有正能量的团队，要让人变好。如何做到？绕不开企业文化。因此，企业文化提炼出来，形成了愿景、使命、价值观等内容后，老板及各层级管理者要持续地运用各种方式去宣贯，直至其深入人心。

第三，要深刻嵌入。

光口头上讲，很多人难免左耳进、右耳出，只有牵涉到既得利益时，才会深层次改变人的行为。所以，激励机制一定要和企业文化挂钩，例如，若员工的行为不符合价值观的要求，其奖金及职务晋升等就会受到影响。当然，企业对价值观等的描述要细化成可执行、可评估的考核准则，通过持续的考核来强化执行。

第四，要专业审查。

企业要阶段性地组织相关部门及人员进行专业的企业文化审查，看看企业哪些制度或行为与文化的诉求是相悖的，一旦发现，立即整改。

第五，要与时俱进。

随着时代的变化与发展，文化的指向也要能与时俱进。如忠诚与责任，或许对“60后”“70后”这样要求可以见效，但“85后”“90后”未必买账，他们更看重的是共享与发展。在数字化时代，如果不能从共享、共赢、共同出彩的角度去思考文化的立意，则这种文化是很难真正打动人心的。

我们在抨击美联航暴力对待华裔的同时，也要从这一事件中看看其发生的根本原因，吸取教训，让这一负能量的事件转变为我们正能量的行为。如此，社会才会进步。

三种坏文化，坏了企业的事

每家企业都有自己的文化，有些企业的文化会正规些，如有正儿八经的企业文化手册；有些企业的文化可能会隐性些，虽然没有愿景、使命、价值观等的书面描述，但还是可以感觉到企业约定俗成的一些默契，感知到和别的企业不一样的氛围。

无论有没有正规的企业文化表述，文化在深层次影响企业的发展方面都有其独特的作用，不可或缺。但当前有三种坏文化，在影响着企业的发展。

老板文化

老板文化是家长文化，也是集权文化。企业在创立初期，老板因其独特的经历或作用，无论大小事情，都需要亲力亲为，一锤定音，这是特定时期的特定产物，也是老板必定要经历的一个阶段。但是，若企业发展到一定规模，这种老板文化还是一如既往，那么老板一定很累，且企业发展必然停滞。道理很简单，老板一个人不管再能干，也干不过一个团队。如果老板习惯了凡事“我来”，那么，企业其他人便会逐步成为“甩手掌柜”，都会看着老板：“您看怎么办？”久而久之，就会使企业大量的骨干资源被闲置或浪费，这样企业的发展就危险了。

老板文化的存在应该体现在“塑人”方面，也就是在企业的价值观方面要能成为精神领袖或本身就是一面旗帜，让企业里的每一个人都感知到老板身上的正能量。老板要通过身体力行、言传身教，感染和凝聚一批有正能量的人。企业只有正气浩荡，才有做好事情的基本氛围。

但在“做事”方面，一定要淡化老板个人的作用，善于发挥团队的价值。对于做事的边界和分寸，老板一定要掌控到位，一旦越位，经常去做职业经理人团队要做的事，甚至是员工要做的事，企业的团队文化就会荡然无存，剩下的只有老板个人文化。就这点而言，老板一定要清醒地认识到：一个人走路固然很快，但只有一群人携手才能走更长远的路。

山头文化

中国人好结山头，从“桃园刘关张三结义”到“一百零八好汉啸聚梁山”，乃至当代“官场腐败 ×× 帮”，都体现了中国人喜欢抱团的特质。团队领导通过山头可以享受“一呼百应”被簇拥的领导感，团队成员也感觉“找到了组织”，有了心灵的归依感。毫无疑问，若团队的结盟是为大局利益，这种团队无疑会形成一种正面力量；若团队的结盟是为一己之利，为小团体利益，这种团队必然会形成一种负面力量，它所产生的破坏是显而易见的，具体而言：

一是破坏了团队协作。

山头主义往往是为了谋取小团队利益，而对影响企业发展大局的事高高挂起，漠不关心，从而严重影响了企业的团队协同，高效的执行力也因此土崩瓦解。

二是影响了做事程序。

企业内部运营最可贵之处在于按规范的流程和标准做事，而非靠能人天马行空的发挥。而企业这种小团队山头的存在，必然严重阻碍按程序化做事。过多人为因素的干扰会让企业的很多制度和规范形同虚设，这对企业的发展是极为不利的。

三是败坏了公平正义。

当山头的势力发展到可以挑战企业组织的时候，各种小山头必然会向大组织提出各种不合理的诉求。若企业不满足，山头一帮人抱团集体离职，企业地动山摇；若企业被迫满足，暂时掩盖了矛盾，却败坏了企业的公平正义，最终被小利益绑架了大发展。

在山头文化下抱成的是“小团”，而只有立足于大的组织利益，抱成“大团”，企业才能聚众人之力获得发展。

推卸文化

产品卖不出去，销售怪生产不行；产品质量有问题，生产怪原材料不合格；原材料出了问题，采购怪总经理选择供应商时一塌糊涂。碰到问题，每个人都擅长踢皮球，都说别人不行，而没有人站出来说“我担当”。若一个问题永远都是企业问题，而没有责任人对问题最终买单，则这个企业一定是百病丛生。小病不治，必酿成大病，等病入膏肓之时，也是企业行将倒下之日。

若责任和担当文化在企业不能成为主流，而推诿扯皮、不负责任的文化在企业四处蔓延，则此种文化必将成为压垮企业的最后一根稻草。

如果说很多制度的效应是立竿见影的，如一项促销政策的推出可能立即便提升了销售的几个点，但文化的力量永远是“润物细无声”，永远是“天街小雨润如酥，草色遥看近却无”。但正是这种潜移默化的影响，才真正奠定了企业前行的力量。

好企业，在于利润，更在于人。而感召人、影响人的，在于好的文化。文化是企业真正的力量之源。

恒安许连捷解决跨部门扯皮的两种方法

在企业运营的过程中，遇到问题的时候，员工和员工之间、上级和员工之间、部门和部门之间经常会出现推诿扯皮的现象，该办的不办，推给别人，遇到问题无原则地争论纠缠，例如：

这个责任不在我，是因为某某的工作没做好，影响到我；

这个问题我都提了很多遍了，但他们就是不改，我也没有办法；

这个问题上几次会议就提了，今天还在提，真是无语呀；

这个问题我们都讨论几次了，为什么还解决不了呢？

我们只能掌控内部的，但这个是外部原因造成的，我们无能为力；

我们企业部门之间的协作太差了，建议加强培训；

……

无论是什么样的说辞，这种现象的存在犹如一个毒瘤，在影响着企业的健康肌理。若不解决，近期而言，必影响士气和执行力；远期来看，由此产生的企业内耗必定降低企业的竞争力，影响企业的发展。

如何解决呢？

恒安集团掌舵人许连捷在为《系统管理的力量》一书所写的序言中

提到了跨部门扯皮这个问题："经常出现的情况是——内部跨部门之间的问题存在太多扯皮。组织规模越大，这种现象越严重。这些问题解决不好，员工之间会相互抱怨，甚至产生内耗。"面对这种情况，许连捷在该书序言中提出了解决跨部门扯皮的两条思路：

一是汇报工作只能谈本部门的问题及解决方案，不允许谈其他部门的问题。首先把"找其他部门的问题"这条路堵死，让抱怨与指责成不了气候。

二是成立跨部门的排障功能小组。出现跨部门的流程障碍时，临时抽调各部门的负责人组成流程排障小组，流程梳理清楚了，做事的方式也就理顺了。方式顺了，排障小组就宣布解散，排障小组只是临时机构。

许连捷还进一步分析："其实，企业内部各部门之间的问题，如同企业与外部环境的问题一样，也是内部系统与外部环境的关系。既然我们无法控制外部环境，那么抱怨与指责是解决不了问题的，管理者只能从自己掌控的部门内部去解决。"

应该说，许连捷所提出的解决跨部门扯皮的这两条思路非常高明。

第一条思路对应的是"文化"。为什么很多企业会有推诿扯皮、不负责任等诸如此类的组织乱象，原因固然很多，但其中一定与企业的氛围不好有关。若出了问题后大家都可以找理由推卸，推卸了也不要承担任何责任，那么在这种环境下，大家一定会理所当然地选择推卸，这是人性使然。所以，企业倡导什么，反对什么，一定要旗帜鲜明，毫不含糊。只有在正能量的企业，大家才会采取正能量的行为。解决跨部门扯皮的事如此，解决其他问题也是如此。文化的力量很伟大，企业一定要塑造好企业文化。

第二条思路对应的是"策略"。企业文化是必须的，但毕竟也是务虚的。"虚"的东西要落地，还得要有"实"的机制去承接。要解决跨部门扯皮的问题，企业还得夯实职责、流程、标准，以及问责机制、激励机制等企业规范。只有凡事有章可循，做事才有规矩。

最后，还得补充一点，人必须对，若人没有选对，选了一个天生就不负责任、不敢担当、喜欢指责的人，则恐怕再好的文化和制度，在此人面前也会形同虚设。

总而言之，解决跨部门扯皮的事也好，解决企业的其他问题也好，有三点非常重要：一是文化，二是机制，三是人。文化务虚，重引导；机制务实，强规范；而人是关键，人不对，再好的文化和机制都是枉然。